Kristin Voigt

Informelle Wissenschaftskommunikation und *Social Media*

AF666684

Kulturen – Kommunikation – Kontakte

Band 10

Kristin Voigt

Informelle Wissenschaftskommunikation und *Social Media*

Frank & Timme
Verlag für wissenschaftliche Literatur

Umschlagabbildung: Das konstitutive Umschlagmotiv der Reihe *KKK*, das Labyrinth als Kulturzeichen des aktiven, zielorientierten Menschen, hat gerade beim vorliegenden Buchtitel seine moderne Berechtigung: Wissenschaftskommunikation, Medialität und Globalität (oder Internationalität) spielen hier eine dominante Rolle.
Das gewählte Motiv bringt die Globalität in metaphorischer Anspielung auf die Weltkugel zum Ausdruck, deren Halbseite sich hier nochmals in zwei Ansichtsweisen teilt; diese künstlerische Darstellungsart mag die kooperierenden, integrativen, aber auch oppositiven Ansichten innerhalb der Wissenschaften und fachlichen Perspektiven verdeutlichen. Die verschlungenen Wege wissenschaftlicher Einsichten und kreativer Erkenntnisfindungen auf dem Weg miteinander austauschender Kommunikation zeigen die vielen Sackgassen, aber auch die weiterführenden Pfade des Labyrinths, und es ist nicht ohne Signifikanz, dass „Weg mit seinem Ziel" im Altgriechischen, wo die Fundamente des abendländischen Denkens gelegt wurden, μέθοδος méthodos lautet. Methodik im Zusammenhang mit Zufall (griech. τύχη týchē) ist ein Konstitutivum labyrinthischer, d. h. letztlich: suchender Findung, und deren Ziel liegt im Zentrum, ‚global' auf neutral gedachtem Boden: in einem Pol, wie hier zu sehen.
Das vorliegende Buch bietet gerade diesen Weg an: die Zusammenführung dreier (erwähnter) zentraler Komponenten auf ein gemeinsam bedeutsames und komplexes Ziel im Zentrum von diskursiven – „kreisenden" – Aktivitäten hin.

Abbildung aus: Ulrich Koch: *Das große Buch der Labyrinthe. The Book of Mazes.*
Köln: Anaconda 2010, Nr. 67 mit dem Namen „Paper Moon".
(Der Einstieg in das Labyrinth liegt unten, Ziel ist die Mitte.)

ISBN 978-3-86596-408-3
ISSN 1868-8306

© Frank & Timme GmbH Verlag für wissenschaftliche Literatur
Berlin 2012. Alle Rechte vorbehalten.

Das Werk einschließlich aller Teile ist urheberrechtlich geschützt. Jede Verwertung außerhalb der engen Grenzen des Urheberrechtsgesetzes ist ohne Zustimmung des Verlags unzulässig und strafbar. Das gilt insbesondere für Vervielfältigungen, Übersetzungen, Mikroverfilmungen und die Einspeicherung und Verarbeitung in elektronischen Systemen.

Herstellung durch das atelier eilenberger, Taucha bei Leipzig.
Printed in Germany.
Gedruckt auf säurefreiem, alterungsbeständigem Papier.

www.frank-timme.de

Inhaltsverzeichnis

1 Einleitung 9

2 Wissenschaftskommunikation 13

2.1 Wissenschaftskommunikation im wissenschaftlichen Alltag 13

2.2 Einordnung der internen, informellen Wissenschaftskommunikation 14

2.3 Interne, informelle Wissenschaftskommunikation 16

2.3.1 Definition der internen, informellen Wissenschaftskommunikation 16

2.3.2 Funktionen und Arten 18

2.4 Internationalisierung der Wissenschaft 20

2.4.1 Definition von Internationalisierung 20

2.4.2 Internationale Wissenschaftskommunikation – alte Tradition oder neues Phänomen? 21

2.4.3 Grenzen der internationalen Wissenschaftskommunikation 23

2.4.4 Sprachbarrieren in der internationalen Wissenschaftskommunikation 24

2.5 Die informelle Wissenschaftskommunikation im Web 1.0 26

2.5.1 Die Wissenschaft und das Internet – eine gegenseitige Beeinflussung? 26

2.5.2 Aufhebung von Raum und Zeit durch das Internet 28

2.5.3 Einsatz von Web 1.0-Tools in der informellen Wissenschaftskommunikation 29

3 Social Software 33

3.1 Web 2.0, Social Software und Social Media – Abgrenzung und Einordnung 33

3.2 Definitionen von Social Software 35

3.3 Typen von Social Software 36

3.4 Social Networking Sites 39

© Frank & Timme Verlag für wissenschaftliche Literatur

3.4.1 Einordnung und Definition 39
3.4.2 Funktionen und Arten 40
3.4.3 Bedeutung für die Wissenschaftskommunikation 42
3.5 Weblogs 44
3.5.1 Einordnung und Definition 45
3.5.2 Funktionen und Arten 46
3.5.3 Bedeutung für die Wissenschaftskommunikation 47
4 Problemstellung 51
4.1 Aktueller Forschungsstand 51
4.2 Forschungsfrage und Hypothesen 53
5 Methodik und Untersuchungsdesign 55
5.1 Methodik: Online-Befragung 55
5.2 Stichprobenauswahl 55
5.3 Untersuchungsdesign 60
6 Ergebnisse 63
6.1 Qualität der Untersuchung 63
6.1.1 Allgemeine Internetnutzung 66
6.1.2 Relevanz internationaler Kontakte 68
6.1.3 Nutzung von Social Networking Sites 72
6.1.4 Nutzung von Weblogs 80
6.2 Diskussion der Ergebnisse 87
6.2.1 Intensivierung des Beziehungsmanagements auf internationaler Ebene 87
6.2.2 Integration in die Scientific Community durch die Aufhebung von Ländergrenzen 88
6.2.3 Etablierte vs. periphere Wissenschaftsländer 90
6.2.4 Sozialwissenschaften vs. Geisteswissenschaften 91
7 Fazit und Ausblick 93
8 Literaturverzeichnis 97

© Frank & Timme Verlag für wissenschaftliche Literatur

9 Anhang 107

9.1 E-Mail-Einladungen zur Onlinebefragung 107

9.1.1 Deutsche Version 107

9.1.2 Bulgarische Version 108

9.2 Onlinebefragung – deutsche Version 109

9.3 Restliche Ergebnisdarstellungen 118

9.3.1 Sozialstatistische Daten 118

9.3.2 Allgemeine Internetnutzung 119

9.3.3 Relevanz internationaler Kontakte 125

9.3.4 Community-Nutzung 127

9.3.5 Weblog-Nutzung 146

© Frank & Timme Verlag für wissenschaftliche Literatur

1 Einleitung

Die Wissenschaft galt schon immer als ein internationales Phänomen. Junge Menschen gingen in fremde Länder, um dort zu studieren und Wissenschaftler kommunizierten und kooperierten per Brief bzw. face-to-face Kontakt mit weit entfernten Kollegen. Die gemeinsame Wissenschaftssprache Latein vereinte im Rahmen der Wissenschaftskommunikation Forscher aus den verschiedensten Ländern. Mit der Stärkung der Nationen im 17./18. Jahrhundert lösten jedoch die Vulgärsprachen der einzelnen Länder das Latein als Wissenschaftssprache ab und die allgemeinen wissenschaftlichen Bestrebungen schlugen einen eher nationalen Weg ein. Der internationale Austausch zwischen Kollegen fand zwar nach wie vor statt, jedoch nur im geringen Maße und im Schatten der nationalen Wissenschaftsanstrengungen. [vgl. Ehlich (2006), S. 19ff.; Stichweh (2003), S. 13ff.]

Erst seit den 50er Jahren des 20. Jahrhunderts ist eine Trendwende zu beobachten, welche mit zwei Entwicklungen einhergeht. Einerseits zwingt die stetige Diversifizierung der wissenschaftlichen Disziplinen die Wissenschaftler zum internationalen Dialog, da es in ihrem eigenen Land meist nur sehr wenige oder gar keine Spezialisten in dem gleichen Forschungsbereich gibt. Andererseits hat sich Englisch in den vergangenen Jahrzehnten als Wissenschaftssprache durchgesetzt, wodurch eine deutliche Tendenz hin zu einer Weltwissenschaft zu beobachten ist. [vgl. Dogan (2000), S. 87, Nentwich (2003b), S. 53, Ehlich (2006), S. 29]

Unterstützend wirkt in diesem Prozess das Internet, in welchem es traditionell zur Aufhebung von Zeit und Raum kommt. Gemeinschaftliches Arbeiten unabhängig vom Ort und von der Zeitzone wird möglich. Insbesondere die E-Mail hat in den vergangenen Jahren die vielgenutzten Kommunikationsmittel Brief und Fax, welche von Wissenschaftlern insbesondere für den Kontakt über Distanzen eingesetzt wurden, abgelöst. Aber auch andere Instrumente des Web 1.0

wie z.B. Mailing- sowie Diskussionslisten, Groupware[1] sowie E-Konferenzen haben Einzug in die Wissenschaftskommunikation gehalten. [vgl. Stegbauer (2008), S. 4; Nentwich (2003a)]

Mit dem Aufkommen des Begriffs Web 2.0 im Jahr 2004 ist auch immer öfter von *Social Software* die Rede, welche im Gegensatz zu den Anwendungen des Web 1.0 den direkten und einfachen Austausch bzw. Dialog untereinander und die gemeinsame Wissensarbeit ermöglicht. [vgl. Richter, Koch (2007), S. 4ff.; Trump, Klingler (2007), S. 10] Da *Social Software* sowohl in der Wirtschaft, als auch im privaten Bereich der Gesellschaft immer mehr an Bedeutung gewinnt, stellt sich die Frage, inwieweit die Wissenschaft von *Social Software* beeinflusst wird und/oder profitieren kann. Ist *Social Software*, ebenso wie die Instrumente des Web 1.0 in der Lage, die Internationalisierung der Wissenschaftskommunikation voranzutreiben?

Insbesondere scheint an dieser Stelle ein Potenzial für die interne, informelle Wissenschaftskommunikation zu bestehen, da diese vorrangig die zwischenmenschliche und kooperative Kommunikation zwischen den Wissenschaftlern umfasst. Zudem nimmt sie eine Art "Vorbereiter-Rolle" für die weitere Kommunikation im Wissenschaftsprozess ein. Erst wenn internationale Kontakte in der internen, informellen Wissenschaftskommunikation geknüpft und gepflegt werden, kann es weitere internationale Anstrengungen in den anderen Bereichen der Wissenschaftskommunikation (insbesondere in der formellen) geben.

Obwohl sich bereits verschiedene Studien mit dem allgemeinen Einfluss von *Social Software* auf die Wissenschaftskommunikation beschäftigt haben, ist der Fokus auf den Einfluss der Internationalisierung, insbesondere der internen und informellen Wissenschaftskommunikation, noch weitgehend unerforscht. Die vorliegende Arbeit knüpft an diesen Punkt an, indem sie der Fragestellung nachgeht, ob *Social Software* beeinflussend auf die interne, informelle Wissenschaftskommunikation wirkt und dadurch eine Ausbreitung bzw. Intensivierung der internationalen Kontakte unter Wissenschaftlern zu verzeichnen ist.

---

1 "Technische Systeme (Software, Hardware und Services), die zur Unterstützung der sozialen Interaktion zwischen Benutzern entwickelt worden sind, wobei die Interaktion räumlich oder zeitlich verteilt sein kann.“ [Richter, Koch (2007), S. 41]

 © Frank & Timme Verlag für wissenschaftliche Literatur

Als Grundlage zur Beantwortung dieser Forschungsfrage soll eine Onlineumfrage unter Wissenschaftlern der Sozial- und Geisteswissenschaften in den Ländern Deutschland und Bulgarien dienen. Mit dem Vergleich der Disziplinen sind Aussagen möglich, wie heterogen (oder auch homogen) die Nutzung von *Social Software* in den verschiedenen wissenschaftlichen Bereichen ausfällt.

Ähnliches gilt für den Ländervergleich. Dieser soll verdeutlichen ob es Unterschiede in der Nutzung von *Social Software* zwischen den wissenschaftlichen Kernländern (hier am Beispiel Deutschland) und den wissenschaftlich eher unbedeutenden Ländern (hier am Beispiel Bulgarien) gibt.

2 Wissenschaftskommunikation

Wissenschaft und der damit einhergehende Erkenntnisprozess sind undenkbar ohne Kommunikation. Denn erst das kommunikative Handeln ermöglicht die Bestätigung, Verfeinerung und Widerlegung von Hypothesen und Theorien. Somit ist es die soziale Interaktion zwischen den Wissenschaftlern, welche die Generierung neuen Wissens ermöglicht. [vgl. Kaden (2009), S. 47]

2.1 Wissenschaftskommunikation im wissenschaftlichen Alltag

Revolutionär in der Geschichte der Wissenschaftskommunikation war die Etablierung von Journals im 17. Jahrhundert. Im Gegensatz zum bis dahin traditionellen Briefverkehr zwischen einzelnen Wissenschaftlern, erschienen Journals in relativ hohen Auflagen, wodurch die Exemplarkosten maßgeblich gesenkt werden konnten. Als Folge ergaben sich kürzere Veröffentlichungsspannen und die Möglichkeit, die Publikation in weit entfernte Orte zu versenden. Kritik konnte daraufhin direkt erfolgen, wodurch veröffentlichende Wissenschaftler vom Feedback zu ihren Forschungen profitierten. Ab diesem Zeitpunkt waren die Eigenschaften einer Publikation, das heißt die Schriftlichkeit und die Öffentlichkeit, sichergestellt. [vgl. Davies, Greenwood (2004), S. 157; Fritz (noch unveröffentlicht), S. 1f.)]

Im Zuge dieses Kommunikationsaustausches entstanden die *Scientific Community* sowie die sich nochmals unterteilenden Fachgemeinschaften. Der Wissenschaftstheoretiker Ludwik Fleck beschreibt diese sozialen Gemeinschaften als Denkkollektive, welche ihre Forschungen an der gemeinsamen intellektuellen Orientierung, von ihm als Denkstil betitelt, ausrichten. Im wechselseitigen Austausch unter sogenannten *Peers*[2] entstehen Ideen für neue Forschungsprojekte. [vgl. Fangerau (2009), S. 217; Kaden (2009), 71f.]

Jedoch stehen Denkkollektive nicht allen Wissenschaftlern offen, die im gleichen Bereich forschen. Als elitärer und exklusiver Kommunikationsrahmen

---

[2] *Peers* sind die einzelnen Teilnehmer der Forschungsgemeinschaft. [vgl. Kaden (2009), S. 71]

entwickelten sich *Invisible Colleges* seit der Gründung der *Royal Society of London* im Jahre 1660, an denen meist nur etablierte Wissenschaftler teilhaben durften.
Alesia Zuccala beschreibt diese Gruppen als: "*groups of elite, mutually interacting, and productive scientists from geographically distant affiliates who exchange information to monitor progress in their field.*" [Zuccala (2006), S. 152] Trotz der internationalen Ausrichtung geht die Teilnahme am *Invisible College* größtenteils mit einem gewissen professionellen Status des Wissenschaftlers und der Reputation der angehörenden Universität einher. [vgl. Barjak (2006), S. 1352, Zuccula (2006), S. 152ff.]

Mit dem Internet erhält die Wissenschaftskommunikation jedoch eine neue Dimension. Wo die *Scientific Community* vorher für den einzelnen Wissenschaftler eher etwas Abstraktes darstellte, werden Kommunikationspartner durch die technologischen Möglichkeiten viel greifbarer und konkreter. Zudem ermöglichen sie die Befriedigung der heutigen Bedürfnisse der Wissenschaftler im Rahmen der Wissenschaftskommunikation. Denn laut Fritz und Bader wollen sich diese u.a. informieren, Netzwerke knüpfen und pflegen, Forschungsfragen entwickeln, ihre eigenen wissenschaftlichen Gedanken verbreitet und ihre Erkenntnisse archiviert sehen. [vgl. Fritz, Bader (2010), S.340f; Nentwich (2003a), S. 53]

2.2 Einordnung der internen, informellen Wissenschaftskommunikation

Wie die englische Sprache verdeutlicht, bedarf es hinsichtlich der Wissenschaftskommunikation einer Unterteilung (vgl. auch Abbildung 1). Denn der im anglophonen Raum benutzte Begriff *Science Communication* beschreibt lediglich die Kommunikation zwischen Wissenschaft und Öffentlichkeit, was im Deutschen meist als externe Wissenschaftskommunikation bezeichnet wird. Die Kommunikation unter Wissenschaftlern hingegen wird als *Scholarly Communication* oder auch interne Wissenschaftskommunikation bezeichnet.

Erstgenannte Ausprägung hat insbesondere zum Ziel, die Wissenschaft und Forschung über die Grenzen der wissenschaftlichen Gemeinschaft hinweg zu öffnen

© Frank & Timme Verlag für wissenschaftliche Literatur

und ein öffentliches Verständnis für die Anstrengungen der Wissenschaftler zu schaffen. Insbesondere in der heutigen Zeit ist diese Kommunikation ein wichtiger Bestandteil der Wissenschaft, da die Förderung der Forschungsprojekte legitimiert und deren Nutzen gegenüber den Interessengruppen deutlich gemacht werden muss. Zu den Interessengruppen der externen Wissenschaftskommunikation gehören die Politik, die Industrie, die Medien und nicht zuletzt die Gesellschaft. [vgl. Burns et al. (2003), S. 190ff.; Hagenhoff et al. (2007), S. 4f.]

Die interne Wissenschaftskommunikation umfasst eine klar abgegrenzte, homogene und zahlenmäßig eher kleine Gruppe an Beteiligten, da es sich hierbei um die Kommunikation unter Wissenschaftlern handelt. Im Mittelpunkt stehen die Forschungsergebnisse, welche veröffentlicht und diskutiert werden. [vgl. Hagenhoff et al. (2007), S. 5]. Die Definition für *Scholarly Communication* von Genoni et al. gibt jedoch einen Hinweis auf eine weitere Unterteilung der internen Wissenschaftskommunikation:

> *"... scholarly communication is defined as the multiple relationships that result from the pursuit of shared scholarly interest and endeavour. These may be formal relationships – those that are mediated by professional associations or constructed collectives of scholars; or they may be informal relationships – those that are constituted spontaneously between two or more scholars. In either case it is not necessary that individuals know each other personally in order to belong to the same scholarly community." [Genoni et al. (2009), S. 91]*

Die hier erwähnten formellen Beziehungen der Wissenschaftskommunikation sind vorrangig publikationsbasiert. Mit der wissenschaftlichen Veröffentlichung werden Erkenntnisprozesse nachweisbar gemacht und der wissenschaftliche Bewertungsprozess in Gang gesetzt. Zudem erfolgt die Positionierung des Wissenschaftlers in der Community.

Die informelle, interne Wissenschaftskommunikation zielt hingegen auf Kooperation und Organisation ab. Der soziale Austausch und die Diskussionen unter Kollegen sind ein wichtiger Bestandteil für das Netzwerk innerhalb der Wissenschaft. Zudem dient es als publikationsvorbereitendes Mittel. [vgl. Kaden (2009), S. 58f., Hagenhoff et al. (2007), S. 5 ff.]

Im weiteren Verlauf der vorliegenden Arbeit wird nur noch dieser Zweig der Wissenschaftskommunikation betrachtet, da er den Mittelpunkt der Forschungsfrage bildet.

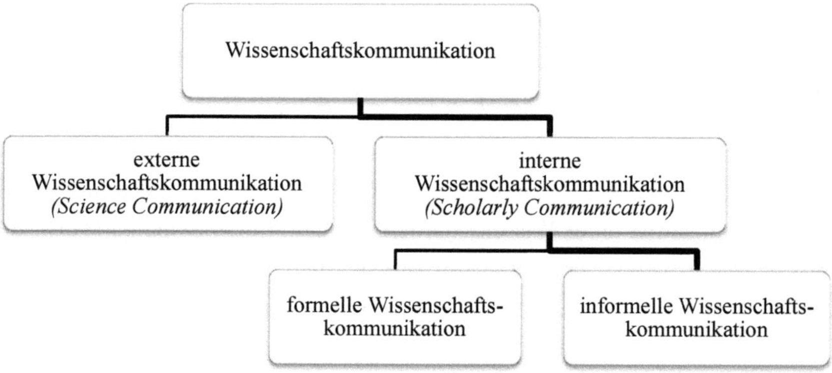

Abb. 1: Abgrenzung der informellen Wissenschaftskommunikation [eigene Darstellung in Anlehnung an Hagenhoff et al. (2007), S. 7]

2.3 Interne, informelle Wissenschaftskommunikation

Die interne, informelle Wissenschaftskommunikation stand in der Vergangenheit nur sehr selten im Mittelpunkt wissenschaftlicher Betrachtungen. Im folgenden Kapitel soll daher eine Arbeitsdefinition für diesen Begriff entwickelt sowie die Funktion und die verschiedenen Ausprägungen beschrieben werden.

2.3.1 Definition der internen, informellen Wissenschaftskommunikation

Eine eindeutige und erschöpfende Definition für die interne, informelle Wissenschaftskommunikation ist in der Literatur nur schwer zu finden. Größtenteils werden die formelle und die informelle Wissenschaftskommunikation im Rahmen der Erläuterung des Begriffs der *Scholarly Communication* kurz beschrieben. Beispielsweise nimmt Nentwich eine Abgrenzung zwischen formeller und informeller Wissenschaftskommunikation vor, indem er die möglichen informellen Kommunikationsorte beschreibt:

 © Frank & Timme Verlag für wissenschaftliche Literatur

"Furthermore, we can distinguish between informal and formal scholarly communication. While the first may take place on the phone, in the cafeteria, in the breaks of conferences, at workshops or, more recently, in Internet chat rooms or E-mail discussion lists and newsgroups, the second is – in varying degrees – more formalised." [Nentwich (2003a), S. 33]

Einen verstärkten Bezug auf die Funktionen der informellen Wissenschaftskommunikation stellt Kaden in seinen Ausführungen her:

"Der formellen Wissenschaftskommunikation geht immer eine informelle voraus. Jedoch muss nicht jede informelle Wissenschaftskommunikation in einer konkreten Publikation enden. In diesem nicht-öffentlichen Austausch innerhalb einer Wissenschaftsgemeinschaft werden sowohl das soziale System Wissenschaft wie auch die in ihr ablaufende Erkenntnisproduktion strukturiert und organisiert." [Kaden (2009), S. 54]

In diesem Austausch bildet sich nach Kaden ein soziales Netzwerk zwischen den *Peers*. [vgl. Kaden (2009), S. 73 und S. 76] Hagenhoff wiederum beschreibt die informelle Dimension der internen Wissenschaftskommunikation, indem er folgende Eigenschaften herausstellt:

- zugriffsbeschränkt und schwer zugänglich
- hohe Aktualität der Informationen
- temporäre Archivierung
- vorherige Selektion vom Verbreiter wird vorgenommen
- hoher Grad der Interaktion [vgl. Hagenhoff (2007), S. 6f.]

Auf Grundlage der hier genannten Ausprägungen der internen, informellen Wissenschaftskommunikation, soll die folgende, selbstständig entwickelte Arbeitsdefinition für die vorliegende Arbeit angewandt werden:

Interne, informelle Wissenschaftskommunikation strukturiert und organisiert das soziale System Wissenschaft und dessen Erkenntnisproduktion. Dabei geht sie der formellen Wissenschaftskommunikation voraus, indem sich Peers z.B. auf Workshops, in Konferenzpausen, via Telefon oder in E-Mail-Diskussionen austauschen. Dieses soziale Netzwerk zeichnet sich durch einen hohen Grad an Interaktion und dem Austausch von aktuellen

Informationen aus, bei gleichzeitiger Zugriffsbeschränkung sowie erschwerter Zugänglichkeit.

Für einen vereinfachten Lesefluss wird im Folgenden nur noch von informeller Wissenschaftskommunikation die Rede sein, wobei stets die interne, informelle Wissenschaftskommunikation gemeint ist.

2.3.2 Funktionen und Arten

Der Funktionsbereich der informellen Wissenschaftskommunikation lässt sich in drei Prozesse unterteilen, welche stets ineinander greifen und sich gegenseitig bedingen. Thorin spricht in diesem Zusammenhang von der informellen Kommunikation zwischen Wissenschaftlern an sich, der gemeinschaftlichen Entwicklung von Ideen und letzten Endes der Durchführung der Forschung. In allen Bereichen kann zudem unterschieden werden, welcher Typus von Wissenschaftlern miteinander kommuniziert. Dies können Wissenschaftler aus dem gleichen Institut, aus zwei oder mehreren voneinander unabhängigen Instituten, Koautoren oder auch die gesamte *Scientific Community* sein. [vgl. Thorin (2003), S. 1; Nentwich (2003a), S. 32]

Die wohl umfassendste Funktion ist der **soziale Austausch unter den Wissenschaftlern,** schließlich wird informelle Wissenschaftskommunikation nicht selten mit "*conversation*" ins Englische übersetzt. Das Gespräch bzw. die Korrespondenz (egal ob erste Kontaktanbahnung oder Kontaktpflege) beeinflusst direkt oder indirekt den Erkenntnisprozess. An dieser Stelle entstehen Netzwerke, wie z.B. das bereits genannte *Invisible College* (vgl. Kapitel 2.1) oder persönliche Kontaktnetzwerke, welche für die zukünftige Forschung wichtig sein können. Aber auch der klassische "Kantinenklatsch" gehört zu diesem sozialen Austausch, selbst wenn er nicht zum allgemeinen Erkenntnisprozess beiträgt. [vgl. Kaden (2009), S. 70; Nentwich (2003a), S. 201]

Kommunizieren Wissenschaftler mit gleichen oder ähnlichen Interessen, wird ein immenses **Ideenpotential** generiert. Denn nur jede siebte Forschungsidee entsteht im Rahmen der formellen Wissenschaftskommunikation, sprich z.B. aus der Lektüre eines Aufsatzes. Zudem reden Wissenschaftler mit Kollegen gern über die eigenen Forschungsideen, um sich professionelles Feedback einzuho-

© Frank & Timme Verlag für wissenschaftliche Literatur

len. Wird die eigene Idee positiv bewertet, kommt es wesentlich öfter zur Initiierung von Forschungsprojekten. [vgl. Kaden (2009), S. 69ff.]

Wollen mehrere Wissenschaftler gemeinschaftlich ihre **Forschungsidee umsetzen**, kommt es zu einer Kooperation. Eine solche Zusammenarbeit kann zufällig oder auch zielgerichtet entstehen, wobei es sich erwiesen hat, dass zumindest einmal face-to-face-Kontakt vorgelegen haben sollte. Anderenfalls kann es an Vertrauen zwischen den Kooperationspartnern mangeln. Die Motive einer Kooperation sind ganz unterschiedlich. Neben dem gemeinsamen Forschungsinteresse, ermöglicht eine Kooperation sowohl den Zugriff auf Kompetenzen, Infrastruktur, Materialien als auch teilweise auf Drittmittel. [vgl. Martin (2006), S. 13ff.; Nentwich (2003a), S. 201]

Umsetzung finden diese Prozesse über die verschiedensten Kommunikationsmöglichkeiten. Ideensammlungen und Kooperationen ergeben sich nicht selten in den Pausen von Konferenzen, Workshops und Seminaren. Dort knüpfen Wissenschaftler zudem Kontakte mit unbekannten Kollegen und pflegen bestehende Bekanntschaften. Die Relevanz von Konferenzen für die informelle Kommunikation betonen insbesondere Walker und Hurt: *"There is a general sense that the "real" value of conferences and other meetings lies in the informal communication that takes place during, between, and after the formal presentation of prepared conference papers." [Walker, Hurt (1990), S. 82]*

Kollegen des gleichen Instituts setzen ihren sozialen Austausch sowie ihre Projektkommunikation in persönlichen Gesprächen in Form von Meetings oder auch "Kantinenklatsch", in Telefonaten oder E-Mail-Verkehr um. Wissenschaftler, die über große Distanzen voneinander getrennt sind, kommunizieren und kooperieren ebenfalls via Telefon, E-Mail und immer seltener per Brief oder Fax.

Insbesondere für die letztgenannte Gruppe ergeben sich aufgrund der erweiterten Technologien in den letzten Jahren zahlreiche Möglichkeiten, um die räumliche Distanz zu überwinden. So halten immer mehr Web-Anwendungen wie z.B. Webkonferenz-Tools, Mailing- und Diskussionslisten oder Groupware Einzug in die Wissenschaft und erleichtern insbesondere Kooperationen auf Distanz. Selbst virtuelle Forschungsinstitute wurden in der Vergangenheit schon umgesetzt. [vgl. Nentwich (2003a), S. 4 und 25; Walker, Hurt (1990), S. 80f., Martin (2006), S. 10; Davies, Greenwood (2004), S. 158f.]

2.4 Internationalisierung der Wissenschaft

Für viele ist die Wissenschaft bereits per se international, da sie universelles und damit weltweit gültiges Wissen hervorbringt. Zudem reichen internationale Wissenschaftskontakte bis in die Antike zurück. Jedoch zeigt die Geschichte auch, dass die Internationalisierungsanstrengungen der Hochschulen und einzelnen Forscher nicht immer gleich ausgeprägt waren. Aus diesem Grund wird im Folgenden eine Definitionsfindung für den Begriff Internationalisierung im wissenschaftlichen Kontext vorgenommen, sowie die Entwicklung der Internationalisierung in der Wissenschaft im historischen Kontext dargestellt. Zuletzt soll auf die Problematik der Sprachbarrieren im internationalen Austausch eingegangen werden.

2.4.1 Definition von Internationalisierung

Auf der Suche nach einer Definition für den Begriff Internationalisierung stößt man auf vielfältige Verwendungen. Vorherrschend ist der Einsatz des Begriffes im wirtschaftlichen Kontext. Von Internationalisierung wird gesprochen, wenn international agierende Unternehmen Landesgrenzen überschreitende Aktivitäten durchführen. [vgl. Krystek, Zur (2001), S. 5f.]

Bezugnehmend auf den wissenschaftlichen Kontext erfolgt die Diskussion um den Begriff Internationalisierung meist im Hinblick auf das gesamte Hochschulwesen. Das heißt, dass neben der Forschung insbesondere in den letzten Jahren immer öfter die Internationalisierung der Lehre in den Fokus rückt. Obwohl verschiedene Definitionen in diesem Kontext vorliegen, sind die meisten jedoch sehr unpräzise. Lediglich die Arbeitsdefinition von Jane Knight aus dem Jahr 1994 wird von mehreren Autoren als hinreichende Beschreibung akzeptiert. Gemäß ihrem Verständnis ist Internationalisierung:

> *"the process of integrating an international dimension into the teaching/learning, research and service functions of a university or college." [Knight (1994), S. 3]*

 © Frank & Timme Verlag für wissenschaftliche Literatur

Umgesetzt wird dieser Prozess durch den strategischen Aufbau von Beziehungen zwischen den jeweiligen nationalen Hochschulsystemen, wobei jedes System von seiner eigenen Kultur geprägt ist. [vgl. Lanzendorf, Teichler (2003), S. 221, Rotter (2005), S. 15f.]

Im Gegensatz zu Knight schließen Danneberg und Schönert zumindest in der begrifflichen Verwendung die Lehre aus, indem sie Internationalisierung als Kommunikation, Kooperation und Organisation der Wissenschaft ansehen. Dabei betonen sie die sowohl nationale als auch internationale Ebene:

> *"Die Internationalität oder Internationalisierung von Wissenschaft als Institution stellen einen komplexen Zusammenhang dar. Er besteht in der Verflechtung der nationalen Organisation und Kommunikation mit dem übernationalen Austausch wissenschaftlicher Ergebnisse, der Verbreitung von Theorien und Methoden." [Danneberg, Schönert (1996), S. 13]*

Voraussetzung für ein Gelingen der Internationalisierung ist jedoch die Bereitschaft der beteiligten Partner, Wissen und Erfahrungen zu teilen. [vgl. Lanzendorf, Teichler (2003), S. 221] Auf Grundlage dieser Definition soll Internationalisierung auch im weiteren Verlauf angewandt werden.

2.4.2 Internationale Wissenschaftskommunikation – alte Tradition oder neues Phänomen?

Internationalität in der Wissenschaft scheint ein konträres Phänomen zu sein. Einerseits wird davon ausgegangen, dass Wissenschaft per se international ist, andererseits häufen sich insbesondere in den letzten Jahren die Aussagen, wie wichtig die voranschreitende Internationalisierung für die Wissenschaft sei. Beide Aussagen, gemeinsam betrachtet, beschreiben gut die heutige Situation. Denn traditionell gingen Wissenschaftler und Studenten schon vor vielen Jahrhunderten in fremde Länder um dort zu lernen, lehren oder zu forschen. Dies war auch nie problematisch, sprachen doch alle Beteiligten die gleiche Wissenschaftssprache (vgl. Kapitel 2.4.4). Zudem herrschte ein einheitliches Curriculum vor und alle wissenschaftlichen Organisationen konnten den gleichen Aufbau vorweisen. [vgl. Kerr (1990), S. 7f.]

Jedoch kam es im 17./18. Jahrhundert zu einer Wende. Mit dem Erstarken der Nationen bildeten sich Nationalwissenschaften heraus, die in den jeweiligen Nationalsprachen kommunizierten. Wissenschaftler des eigenen Landes wurden zum Bezugssystem für die wissenschaftliche Kommunikation, wodurch gleichzeitig die Relevanz für den internationalen Dialog sank. Diese Trennung der nationalen Communities setzte sich bis zum Zweiten Weltkrieg fort. Ab diesem Zeitpunkt ist sowohl in der Grundlagenforschung als auch in der anwendungsbezogenen Forschung eine abermals zunehmende Internationalisierung festzustellen. [vgl. Engels, Ruschenberg (2006), S. 8; Stichweh (2003), S. 14ff.; Danneberg, Schönert (1996), S. 7]

Erklären lässt sich dieses Phänomen mit der verstärkten disziplinären Ausdifferenzierung aufgrund der sich immer tiefer spezialisierenden Forschung. Wissenschaftler finden in dieser Situation kaum lokale Kollegen in ihrem Forschungsbereich, wodurch sie unausweichlich auf internationale Wissenschaftskontakte zurückgreifen müssen. Gleichzeitig steigt in Zeiten der Globalisierung die Bedeutung globaler Forschungsthemen und eine Strukturveränderung in der Forschungsfinanzierung ist festzustellen. So fungiert beispielsweise die Europäische Union immer öfter als Auftraggeber für länderübergreifende Forschungsprojekte.

Nentwich spricht in diesem Zusammenhang von einer Verdoppelung der internationalen Kooperationen in den vergangenen Jahren und sogar von einer Verneunfachung der Publikationen, welche aus großen, internationalen Kooperationen resultieren. Verstärkt werden diese Entwicklungen durch die zunehmende, geographische Mobilität und allen voran durch die neuen technologischen Möglichkeiten. Diese erlauben eine grenzübergreifende Kommunikation und Übermittlung von Wissen. Gleichzeitig eröffnen sie neue Wege zur Wissensspeicherung sowie -zugänglichkeit. [vgl. The Royal Society (2011), S. 16; Engels, Ruschenberg (2006), S. 6f. & 20; Koch (2006), S. 11; Nentwich (2003a), S. 203f.]

© Frank & Timme Verlag für wissenschaftliche Literatur

2.4.3 Grenzen der internationalen Wissenschaftskommunikation

Trotz der in Kapitel 2.4.2 genannten Internationalisierungstendenzen sind die Teilhabechancen in der globalen Wissenschaft ungleich verteilt. Denn obwohl Wissen ein immaterielles Gut ist und damit dessen Verbreitung nur sehr geringe Kosten verursacht, agieren Wissenschaftler größtenteils in ausgewählten Kulturräumen. Dies macht Schott anhand einer Studie deutlich, in der er Zitate von Wissenschaftlern untersuchte. Es stellte sich heraus, dass die Wissenschaft größtenteils in sechs verschiedenen Kommunikationsräumen agiert, was sich insbesondere in verstärkter Vernetzung und Kooperation äußert. [vgl. Schott (1988)] Engels und Ruschenberg vermuten an dieser Stelle sogar, dass es sich bei der Internationalisierung der Wissenschaft lediglich um eine Verdichtung der Kontakte unter den OECD-Mitgliedsstaaten handelt. Im Rahmen einer Studie untersuchten sie, ob im Zeitraum von 1993 bis 2002 eine Veränderung in der Reichweite der internationalen Koautorenschaften zu verzeichnen ist. Diese nehmen zahlenmäßig zwar stark zu, jedoch ergibt die genaue Analyse, dass eine Ausweitung des Kommunikationsraumes nicht stattfindet. [vgl. Koch (2006), S. 11; Engels, Ruschenberg (2006), S. 9ff.]

Dadurch wird die Kluft zwischen wissenschaftlichen Kernländern (auch als *Scientific Core* bezeichnet) sowie wissenschaftlich eher unbedeutenden Ländern (*Scientific Periphery*) trotz starker Internationalisierungstendenzen in der Wissenschaft kaum minimiert. Die erstgenannten Länder bilden nach wie vor das Zentrum für Grundlagenforschung und Finanzierung. Die Zweitgenannten hingegen sind abhängig vom Technologietransfer der Erstgenannten. [vgl. Drori (2003), S. 203] Selbst Publikationsstatistiken zeigen nur geringfügige und insbesondere punktuelle Veränderungen (vgl. Abb. 2). Die zehn publikationsstärksten Länder machen zwei Drittel des weltweiten Publikationsvorkommens zwischen 2004 und 2008 aus. Obwohl China und Indien ein deutliches Wachstum gegenüber dem vorherigen Zeitraum verzeichnen, sind sie gleichzeitig die einzigen Schwellenländer, die sich aus ihrer peripheren Situation herausarbeiten konnten. [vgl. The Royal Society (2011), S. 17]

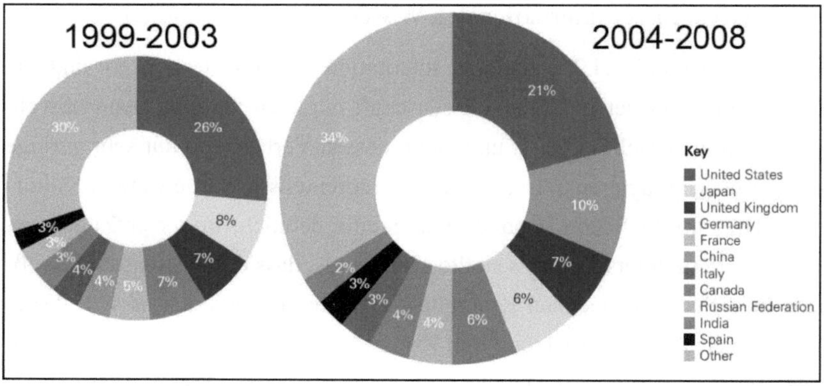

Abb. 2: Anteil weltweiter Publikationen pro Land [The Royal Society (2011), S. 17]

Gravierender als die fehlende Integration in den Publikationsprozess ist hingegen die Verfügbarkeit von bereits bestehendem Wissen. Lediglich 1% aller wissenschaftlichen Veröffentlichungen ist frei zugänglich. Zudem wird der Großteil aller Journals in Nordamerika und Westeuropa publiziert und zu hohen Preisen verkauft, wodurch sie für die meisten peripheren Wissenschaftsländer unbezahlbar sind. Dadurch sind sie schon im Informationsbeschaffungsprozess gegenüber dem *Scientific Core* abgehängt. [vgl. Arunachalam (1992), S. 73; Stehr (2006), S. 38]

Viele Kritiker verweisen an dieser Stelle darauf, dass der ungehinderte Zugang zum Internet, auf den selbst Länder der Dritten Welt mittlerweile zurückgreifen können, nicht ausreicht. Vielmehr betonen sie die Notwendigkeit, den Wissenschaftlern den freien Zugang zu Datenbanken, Publikationen und sonstigen wissenschaftlichen Ressourcen zu gewähren. Denn erst wenn dieser Zustand hergestellt ist, kann die bisherige digitale Kluft zwischen den Gesellschaften beseitigt werden. [vgl. Stehr (2006), S. 37, Nentwich (2003b), S. 6]

2.4.4 Sprachbarrieren in der internationalen Wissenschaftskommunikation

Neben der Kluft zwischen etablierten und peripheren Wissenschaftsländern, stellen Sprachbarrieren eine weitere Einschränkung der Internationalisierung der Wissenschaftskommunikation dar. Möchte ein Wissenschaftler in der heutigen

© Frank & Timme Verlag für wissenschaftliche Literatur

Zeit von der *Scientific Community* wahrgenommen werden, ist er regelrecht gezwungen, in seinen Publikationen und Vorträgen die englische Sprache zu nutzen. Bereits 90% aller wissenschaftlichen Veröffentlichungen sind in Englisch verfasst, was die Dominanz dieser Sprache in der heutigen Wissenschaftskommunikation ausdrückt.

Das war jedoch nicht immer so. In der Frühzeit bestimmte die Kirche die Wissenschaftssprache, wodurch sich in großen Teilen Europas Latein als Kirchen-, Bildungs- und Verwaltungssprache durchsetzte. Diese erste sogenannte *Lingua Franca*[3] hatte jedoch den offensichtlichen Nachteil, dass erst eine neue Sprache erlernt werden musste, um die universelle Kommunikation zu ermöglichen. Wissenschaftler sahen sich durch diesen Lernprozess in ihrer eigentlichen Forschung gehemmt und kamen zu dem Schluss, dass Erkenntnisse auch in anderen Sprachen zum Ausdruck gebracht werden können. [vgl. Földes (2005), S. 258f. und S. 266; Trabant (2000), S. 110]

Aufgrund der vermehrten nationalstaatlichen Tendenzen (vgl. auch Kap. 2.4.2) fand zwischen dem 17. und 18. Jahrhundert eine entscheidende Veränderung in der Wissenschaftskommunikation statt. Erstmals kamen Vulgärsprachen, das heißt die einzelnen Ländersprachen, in der Wissenschaft zum Einsatz. Sie verdrängten nach und nach das Latein als *Lingua Franca*, da die erstarkenden nationalen *Scientific Communities* keine separate Wissenschaftssprache zur Kommunikation mehr benötigten. Positiver Nebeneffekt war zudem, dass erstmals auch das allgemeine Volk an den wissenschaftlichen Erkenntnissen teilhaben konnte, da dieses meist nicht des Lateinischen mächtig war. Obwohl der Gebrauch der eigenen Muttersprache für die nationalen Wissenschaftler viele Vorteile in der Verständigung mit sich brachte, hemmte es entschieden die Austauschgeschwindigkeit wissenschaftlicher Innovationen. Schließlich war es notwendig, bedeutende Publikationen in die einzelnen Nationalsprachen zu übersetzen. [vgl. Ehlich (2006), S. 20ff.; Stichweh (2003), S. 14f.; Trabant (2000), S. 113]

---

[3] Als *Lingua Franca* wird im Allgemeinen die Sprache bezeichnet, auf welche sich Personen aus unterschiedlichen Sprachregionen als gemeinsam gesprochene Sprache geeinigt haben. [vgl. Lüdi (2005), S. 312f.]

© Frank & Timme Verlag für wissenschaftliche Literatur

Mit der fortschreitenden Globalisierung wuchs in den letzten Jahren und Jahrzehnten die Notwendigkeit zur internationalen Zusammenarbeit und der zunehmenden Mobilität der Forschenden. In diesem Zusammenhang werden heutzutage wieder Sprach- und Kulturgrenzen überwunden, wobei viele Disziplinen der Mehrsprachigkeit entsagen und das amerikanische Englisch als neue *Lingua Franca* einsetzen. Die vermehrte Monolingualisierung vereinfacht zwar erneut die internationale Kommunikation, birgt jedoch neue Nachteile. Im Unterschied zum Latein entsteht hier die Situation, dass viele Wissenschaftler wieder eine neue Sprache erlernen müssen, jedoch anglophone Kollegen von diesem Zwang ausgeschlossen sind. Durch die Erleichterung für Muttersprachler gestaltet sich die Kommunikation mit diesen als schwierig, da ihre Sprachverwendung zu komplex oder die Formulierungen kulturell geprägt sind. Wer kein Englisch spricht, wird zudem nahezu vollständig aus der internationalen Kommunikation ausgeschlossen.

Nachteile ergeben sich aber auch innerhalb des jeweiligen Fachgebiets. Insbesondere Disziplinen, die im Sprachlichen verbleiben, sehen in der Verwendung von ausschließlich einer Sprache eine Einschränkung der Denk- und Erkenntnismöglichkeiten. [vgl. Földes (2005), S. 268; Lüdi (2005), S. 12f.; Trabant (2000), S. 18f.] Trabant geht sogar so weit zu sagen, dass *"die Einseitigkeit der internationalen Kommunikation durch die Globalisierung [...] einfach unerträglich."* sei. [Trabant (2000), S. 123]

2.5 Die informelle Wissenschaftskommunikation im Web 1.0

2.5.1 Die Wissenschaft und das Internet – eine gegenseitige Beeinflussung?

In der Geschichte des Internets nimmt die Wissenschaft eine bedeutende Rolle ein. Obwohl das erste elektronische Netz, und damit ein früher Vorläufer des heutigen Internets, ursprünglich für das US-Militär entwickelt wurde, zählte die Wissenschaft bereits Ende der 60er/Anfang der 70er Jahre des 20. Jahrhunderts zu den Nutzern dieser Netze. Zu den ersten Anwendungszwecken zählten die Fernbedienung von teuren Computeranlagen sowie der Austausch medizinischer Literatur mit weit entfernten Bibliotheken. Wissenschaftler zählten aber nicht

 © Frank & Timme Verlag für wissenschaftliche Literatur

nur zu den Nutzern, sondern entwickelten wesentliche Elemente des heutigen Internets. Bereits 1971 versendete der Elektrotechniker Ray Tomlinson die erste E-Mail[4], welche bis zum heutigen Tag in nahezu allen wissenschaftlichen Disziplinen die traditionelle schriftliche Kommunikation mittels Brief und Fax abgelöst hat. [vgl. Eichenberg (2007), S. 43ff., Fuchs-Kittowski (1998), S. 12f., Nentwich (2003b), S. 4f.]

Die Revolution des Internets hin zum Massenmedium leitete ebenfalls ein Wissenschaftler ein. Tim Berners-Lee entwickelte ab 1989 bei der Europäischen Organisation für Kernforschung (CERN) die erste Seitenbeschreibungssprache *Hypertext Markup Language* (HTML) sowie den ersten Webbrowser *WorldWideWeb* (WWW). Wie der Name der HTML instruiert, wird durch das Setzen von Hyperlinks das "Springen" zwischen einzelnen Dokumenten ermöglicht. Als Vorbild diente dabei das Prinzip der Fußnote in wissenschaftlichen Veröffentlichungen bzw. der Querverweise in Lexika. [vgl. Kaden (2009), S. 102f., Haber, Hodel (2007), S. 72]

Diese Hypertextualität, aber auch die Multimedialität sowie die kollaborative Arbeitsweise sind die zentralen Punkte für die wissenschaftliche Nutzung des Internets heute. Die Digitalisierung von Bibliotheksbeständen, länderübergreifende Forschungsgruppen und komplett digitale Forschungsinstitute veranschaulichen die vielfältigen Möglichkeiten, die das Internet der Wissenschaft im Forschungsalltag bietet. Insbesondere können weit entfernte Wissenschaftler von den neuen Möglichkeiten profitieren. Letztlich prognostiziert Barjak sogar, dass ein Forscher, der an vorderster Front der Wissenschaft stehen will, regelrecht gezwungen ist, das Internet zu nutzen. [vgl. Barjak (2006), S. 1350; Eichenberg (2007), S. 43ff.; Haber, Hodel (2007,) S. 72; Nentwich (2003b), S. 4f.]

---

4 Eine eigene Stellungnahme über die Versendung der ersten E-Mail veröffentlichte Tomlinson unter http://openmap.bbn.com/~tomlinso/ray/firstemailframe.html (zuletzt geprüft am 11.11.2011)

2.5.2 Aufhebung von Raum und Zeit durch das Internet

Mit dem Durchbruch des Internets etablierte sich immer öfter der Ausspruch, dass damit Raum und Zeit aufgehoben würden. Der ursprüngliche Begriff des Raumes lässt sich dabei in zwei Modelle untergliedern. Einerseits existiert das nationalstaatliche Raumverständnis, welches auf jeder Landkarte und im Pass jeder Person deutlich wird. Andererseits betrachtet die Soziologie neben den national-staatlichen Grenzen auch Sozialräume, in denen Individuen und Gruppen agieren. Bereits im Jahre 1908 beschrieb der Soziologe Georg Simmel in seiner Raumtheorie die soziale Herstellung des Raumes, indem erst durch soziale Interaktion eine Grenzbildung von Statten geht: *"Die Grenze ist nicht eine räumliche Tatsache mit soziologischer Wirkung, sondern eine soziologische Tatsache, die sich räumlich formt."* [Simmel (2006), S. 23] Die zunehmende Globalisierung und die damit einhergehende Ausweitung von Handlungsräumen lassen den sozialen Austausch in immer größeren Räumen stattfinden. [vgl. Bauschke-Urban (2009), S. 22ff., Simmel (2006)]

Diese Räume werden jedoch durch neue Technologien aufgehoben, allen voran dem Internet. Mit dem neu geschaffenen Kommunikationssystem ist es für Nutzer möglich, über weite Distanzen hinweg miteinander zu kommunizieren, ganz unabhängig vom Raum, den das Individuum umgibt. In diesem Fall verwirklicht sich das von dem Medientheoretiker Marshall McLuhan bereits 1962 prognostizierte globale Dorf, welches durch elektronische Vernetzung entsteht. Mit der Aufhebung vom Raum, verliert auch der Faktor Zeit an Bedeutung. Insbesondere die Speichertechnologie ermöglicht es, asynchron Informationen zu konsumieren, z.B. indem der User eine an ihn gerichtete E-Mail erst mehrere Stunden nach dem Versand liest. Durch Chatprogramme wird aber gleichzeitig auch die synchrone Informationsübermittlung sichergestellt. [vgl. Bauschke-Urban (2009), S. 33 ff., Hinner (2003), S. 88]

Kritiker sehen aber nur eine bedingte Aufhebung von Raum und Zeit durch das Internet. Stegbauer erkennt Beteiligungsbarrieren, welche neue soziale Räume schaffen. Er verdeutlicht dies am Beispiel der Dritten Welt, welche größtenteils durch sprachliche Barrieren, einem geringen Bildungsgrad oder auch nur einer unzureichenden Internetverbindung von der Partizipation im Web ausgeschlos-

 © Frank & Timme Verlag für wissenschaftliche Literatur

sen ist. Gleichzeitig verweist er auf eine Studie über die Wissensgenerierung bei *Wikipedia*[5], die ergab, wie wichtig face-to-face-Treffen für die Integration in die *Wikipedia*-Gemeinschaft sind. Somit ist für ihn letztendlich doch jedes Individuum an eine räumliche Struktur gebunden. [vgl. Stegbauer (2008), S. 6ff.]

Gleichzeitig zeigen Studien, dass das globale Dorf nach dem Verständnis von McLuhan nur bedingt im Internet umgesetzt wird. Trotz technischer Möglichkeiten kommunizieren Internetuser hauptsächlich national bzw. im internationalen Kontakt in Kulturräumen. So ist der europäische Raum und meist auch Nordamerika gut miteinander vernetzt. Kontakte nach Afrika, Asien und Südamerika sind jedoch eher die Ausnahme. In einer Verlinkungsstudie von Halavais, die untersucht, in welche Länder die gesetzten Links auf einzelnen Webseiten führen, kristallisierten sich bei genauerer Betrachtung der einzelnen Themenfelder starke Unterschiede heraus. Vorreiter in der raumübergreifenden Kommunikation ist die Wissenschaft, die zu circa 38% auf internationale Internetseiten verweist. [vgl. Bucher (2002), S. 513f] Ein möglicher Hinweis darauf, dass insbesondere diese die Möglichkeiten zur Dekonstruktion von Zeit und Raum im Internet nutzt und damit zur eigenen Internationalisierung beiträgt?

2.5.3 Einsatz von Web 1.0-Tools in der informellen Wissenschaftskommunikation

"*Das Internet ist eher ein informelles, als ein formelles Medium.*" [Hinner (2003), S. 89] Genau die von Kajetan Hinner festgestellte Informalität erweitert den kommunikativen Spielraum der informellen Wissenschaftskommunikation um ein Vielfaches, da das Internet die halb-öffentliche Verbreitung von schriftlichen Informationen stark erleichtert. Möglich wird dies aus verschiedenen Gründen. Die Aufhebung des Raumes vergrößert den möglichen Adressatenkreis enorm, da dieser durch die viel geringere Hemmschwelle im virtuellen Raum meist direkt kontaktiert wird. Neben der Vielfalt an Kontakten steht auch ein vielfach größeres Informationsangebot zur Verfügung, wodurch Wissenschaftler insbesondere in fachfremden Bereichen bzw. Diskursen wichtige Denkanstöße sowie Informationen erhalten können. Zuletzt ist die einfache und

[5] http://www.wikipedia.org/

schnelle Informationsübermittlung nicht zu unterschätzen. [vgl. Fritz, Bader (2010) S. 337; Hinner (2003), S. 89f.]

Diese Vorteile erkannten Wissenschaftler bereits früh und nutzten (und nutzen sie nach wie vor) als eine erste Gruppe die verschiedensten Web 1.0-Tools, um von den erweiterten Möglichkeiten für die informelle Wissenschaftskommunikation zu profitieren. In allen Disziplinen durchgesetzt hat sich die **E-Mail**, welche die meistgenutzte Internetapplikation in der Wissenschaft darstellt. Sie ermöglicht den nicht-öffentlichen Austausch unter Wissenschaftlern. Gleichzeitig bietet die Funktion, Anhänge mitzusenden einen optimalen Kanal für den Dokumentenaustausch untereinander. Insbesondere die internationalen Kontakte werden durch die asynchrone Datenübermittlung erleichtert. Fremdsprachige E-Mails können im Gegensatz zu Telefonaten oder face-to-face-Gesprächen in Ruhe verfasst und bei Bedarf fehlende Vokabeln nachgeschaut werden. Nicht zuletzt hat die elektronische Post den großen Vorteil der Dauerhaftigkeit, da im E-Mail-Archiv auch lange zurückliegende E-Mail-Verläufe nachvollziehbar sind. [vgl. Davies, Greenwood (2004), S. 159; Nentwich (2003a), S. 86f.]

Neben der E-Mail etablierten sich bereits in den 1980ern **Mailing- bzw. Diskussionslisten** (auch Diskussionsgruppen, -foren genannt) in der Wissenschaft. Als Informations- bzw. Diskussionsmedium werden Beiträge per E-Mail oder in einem gesonderten Programm veröffentlicht, welche die Leserschaft kommentieren kann. Insbesondere Diskussionslisten sind auf eine Frage-Antwort-Interaktion ausgelegt. Da sich besonders in wissenschaftlichen Diskussionslisten viele Spezialisten austauschen, entstehen durch die Kumulation des Wissens neue Denkanstöße bzw. Antworten auf noch ungelöste Probleme. Als Informationskanal fungieren wiederum eher die Mailinglisten, welche insbesondere für Bekanntmachungen, Call for Papers, Reports über Konferenzen etc. genutzt werden. Die größte Plattform für die hier genannten Kommunikationsformen ist das *Usenet*. Es umfasst ungefähr 10.000 Diskussionsforen sowie 180.000 Mailinglisten. [vgl. Hinner (2003), S. 90ff.; Fritz (noch unveröffentlicht), S. 3f.]

Genutzt, aber in den meisten Disziplinen nur punktuell verbreitet, sind **Webkonferenz-Tools, Groupware und Chats**. Erstgenannte bringen weit entfernten Wissenschaftlern den großen Vorteil, dass ein Diskurs unabhängig vom Ort

 © Frank & Timme Verlag für wissenschaftliche Literatur

stattfinden kann, indem Bild und Ton des entfernten Wissenschaftlers übertragen wird. Auch die Freigabe von Bildschirmansichten ist möglich. Durch Übertragungsschwierigkeiten verursachte, technische Probleme haben jedoch dazu geführt, dass Webkonferenzen eher selten durchgeführt werden.

Bei Groupware handelt es sich um eine Software, die kooperative Arbeit unterstützt. Je nach Funktionsumfang kann ein Forschungsteam z.B. gleichzeitig an Dokumenten arbeiten, Daten austauschen oder auch gemeinsame Termine vereinbaren. Obwohl Groupware ebenfalls schon lange existiert, konnte sie sich im wissenschaftlichen Bereich bis heute nicht etablieren. Gleiches gilt für Chats. In diesen ist der Dialog meist umgangssprachlicher Natur, was der beruflichen Interaktion, welche die informelle Wissenschaftskommunikation darstellt, zuwider läuft. [vgl. Orthmann, Näcke (2000), S. 145; Nentwich (2003a), S. 96ff.]

3 Social Software

Neue Technologien wie z.B. Wikis, Weblogs und Social Networking Sites führten das Internet in eine neue Ära, bzw. wie in der Softwareprogrammierung üblich, zu einer neuen Hauptversionsnummer[6], dem Web 2.0. Sie veränderten den Umgang der Nutzer mit Informationen, Wissen und Daten, da erstmals die Trennung zwischen Konsumenten und Produzenten von Wissen aufgehoben wurde. Heute nutzen Internetuser die unter dem Begriff *Social Software* bekannt gewordenen Anwendungen zur gemeinsamen Kommunikation, Kooperation, zum Austausch und zur Pflege von Kontakten. [vgl. Kaden (2009), S. 103, Koch, Moskaliuk (2009), S. 2; Schmidt (2006b), S. 37] Die folgenden Kapitel beleuchten Entstehung und Bedeutung von *Social Software* und stellen die verschiedenen Typen vor, die in diesem Sammelbegriff gebündelt sind.

3.1 Web 2.0, Social Software und Social Media – Abgrenzung und Einordnung

Web 2.0, *Social Software* und *Social Media* sind die drei populärsten Begriffe, welche die derzeitige Entwicklungsstufe des Internets beschreiben. Dabei unterscheiden sich die einzelnen Ausprägungen nur minimal.

Web 2.0 ruft bereits durch die Namensgebung die zweite Stufe der Internetentwicklung aus. 2004 verwendete Tim O'Reilly diesen Begriff erstmals anlässlich einer Konferenz, woraufhin er im September 2005 in seinem Onlineaufsatz "What is Web 2.0" den Begriff spezifiziert und definiert [vgl. O'Reilly (2005)]. Als Neuerung beschreibt er eine Informations- und Kommunikationstechnologie, welche der digitalen Vernetzung von Personen und Gruppen dient. Dabei steht erstmals der Kommunikationsprozess zwischen Produzent und Rezipient im Mittelpunkt. [vgl. Kaden (2009), S. 103 & 113; Richter, Koch (2007), S. 4]

Beeinflussend für die Entwicklung des Internets hin zum Web 2.0 beschreiben Richter und Koch drei Faktoren:

---

6 Diese wird vergeben, wenn sich die aktuelle Softwareversion maßgeblich von ihrer Vorgängerversion unterscheidet.

Internetverfügbarkeit: Mit der Verdoppelung der Breitbandanschlüsse in den Haushalten der Europäischen Union von 30 % im Jahr 2006 auf 61% im Jahr 2010 [vgl. Seybert, Lööf (2010), S. 1], stellt die Übertragung von datenintensiven Inhalten für den Großteil der Internetnutzer kein Hindernis mehr dar. Fotos und Videos können benutzerfreundlich und ohne großen Zeitaufwand hochgeladen werden. Des Weiteren tragen sinkende Verbindungskosten zur verstärkten Internetabdeckung in der Bevölkerung bei. Mit dieser Entwicklung erhalten auch einkommensschwächere Haushalte Zugang zum Internet.

Vereinfachende Technologien: Mit der Entwicklung von benutzerfreundlichen Technologien können Nutzer wesentlich leichter eigene Inhalte im Netz erstellen und angemessen präsentieren. Gleiches gilt auch für multimediale Inhalte, welche ohne Expertenwissen eingebunden werden können.

Nutzerverhalten: Mit einer steigenden Breitbandabdeckung gehen auch steigende Nutzerzahlen einher. Laut Eurostat waren 2010 70% der Haushalte in der Europäischen Union online, welche durch die vorhandene Technologie vereinfacht kommunizieren können. [vgl. Seybert, Lööf (2010), S. 1, Berge, Buesching (2008), S. 24; Kaden (2009), S. 117f., Kilian et al. (2008), S. 8; Richter, Koch (2007), S. 4]

Diese hier genannten neuen Technologien wurden daraufhin auch immer öfter mit dem Begriff *Social Software* beschrieben, welcher die neu geschaffenen Möglichkeiten des sozialen Austausches bereits im Namen verdeutlicht. Internetnutzer erhalten mit dieser Software in Gestalt von Anwendungen wie z.B. Weblogs, Communities oder Wikis die Gelegenheit, sich untereinander auszutauschen, im direkten Kontakt miteinander zu stehen und eigene Inhalte zu generieren – den sogenannten *User Generated Content*. Zudem ermöglichen Kommentar- und Bewertungsfunktionen Rückmeldungen an den Produzenten und damit den aktiven Austausch zwischen Erzeuger und Konsument. In diesem Prozess wird letztgenannter erstmals in der Geschichte des Internets zum aktiven Produzenten, wodurch der klassische one-to-many-Kommunikationsprozess aufgebrochen und ein many-to-many-Kommunikationsprozess eingeleitet wird. [vgl. Berge, Buesching (2008), S. 24; Kilian et al. (2008), S. 8 und 11; Döbler (2007), S.9; Richter, Koch (2007), S. 6–7, Trump, Klingler (2007), S. 10]

© Frank & Timme Verlag für wissenschaftliche Literatur

Die in diesem Prozess entstehenden Inhalte werden immer öfter als *Social Media* bezeichnet, ein Begriff, der sich erst in der letzten Zeit etabliert und durch die kommerzielle Nutzung von *Social Software* durch Unternehmen stark an Präsenz gewonnen hat. [vgl. Jacobsen (2009)] Da es in der vorliegenden Arbeit insbesondere um die technischen Möglichkeiten und weniger um die Inhalte geht, welche die Technologien des Web 2.0 für die Wissenschaft bieten, wird im Weiteren der Begriff *Social Software* besprochen und verwendet.

3.2 Definitionen von Social Software

Social Software ist ein Begriff, der durchaus in die Irre führen kann. Schließlich ist nicht die Software sozial, von der hier die Rede ist, sondern das Kommunikationsverhalten, welches mit dem Willen und dem Gebrauch der Nutzer entsteht. Soziale Interaktion wird durch die Software lediglich möglich. [vgl. Schmidt (2006b), S. 38] Dieser Aspekt sowie die Möglichkeit, die Beziehungsstrukturen des Nutzers online abbilden zu können, sind die Hauptaugenmerke in der *Social Software*-Definition von Richter und Koch:

> *"Anwendungssysteme, die auf Basis neuer Entwicklungen im Bereich der Internettechnologien und unter Ausnutzung von Netzwerk- und Skaleneffekten, indirekte und direkte zwischenmenschliche Interaktion (Koexistenz, Kommunikation, Koordination, Kooperation) auf breiter Basis ermöglichen und die Beziehungen ihrer Nutzer im World Wide Web abbilden und unterstützen." [Richter, Koch (2007), S. 8]*

Laut Döblers Definition von *Social Software* stehen neben der Interaktion das Informations- und Beziehungsmanagement in Mittelpunkt:

> *"webbasierte Lösungen [...], die sich auf den Aufbau sozialer Netzwerke, sowie auf Publikationen und Verteilung von Informationen innerhalb sozialer Netze konzentrieren. Im Mittelpunkt von Social Software steht die Interaktion und Kommunikation eines Individuums oder einer Gruppe von Individuen im Internet." [Döbler (2007), S. 9]*

Letztlich nimmt Schmidt eine Dreiteilung von Management-Ausprägungen vor, welche der Nutzer mit *Social Software* umsetzen kann. Er argumentiert, dass

"[...] Social Software diejenigen onlinebasierten Anwendungen umfasst, die das Informations-, Identitäts- und Beziehungsmanagement in den (Teil-)Öffentlichkeiten hypertextueller[7] *und sozialer Netzwerke unterstützen." [Schmidt (2006b), S. 37]*

Mit dieser Begriffsbestimmung kann eine eindeutige Zuordnung der *Social-Software*-Arten vorgenommen werden, weswegen *Social Software* im weiteren Verlauf gemäß der Definition von Schmidt verstanden wird. Mit der Unterteilung der Funktionalitäten in die drei genannten Management-Formen macht dieser deutlich, welche Ausprägung die soziale Kommunikation in den einzelnen *Social-Software*-Anwendungen hat.

Das **Informationsmanagement** bezieht sich auf die Suche, Aufnahme und Verwaltung von Informationen. Das **Identitätsmanagement** hingegen dient der Präsentation der eigenen Person. Der User macht Interessen deutlich, äußert seine Meinung und legt seine Kontakte offen. Zuletzt fördert das **Beziehungsmanagement** die Pflege aktiver Beziehungen und unterstützt das Knüpfen neuer Kontakte. [vgl. Schmidt (2008a), S. 23–24]

3.3 Typen von Social Software

Soziale Netzwerke, *Microblogging, Social Tagging,* Wikis etc. sind Schlagworte, welche in der heutigen Zeit nicht nur durch das Internet kursieren. Oft werden Internetnutzer mit diesen Begriffen konfrontiert, ohne zu wissen, was sie explizit bedeuten und dass es des Öfteren zu Vermischungen und Überschneidungen der einzelnen Formen kommen kann. Prinzipiell lassen sich vier Haupttypen von *Social Software* herausfiltern, welche im Folgenden kurz charakterisiert werden sollen.

Social Networking Sites (im Folgenden auch SNS genannt): Die im Sprachgebrauch eher als soziale Netzwerke oder (Online-)Communities bekannten Platt-

---

7 Damit sind die Netzwerke gemeint, die durch Hyperlinks gebildet werden. Viele Angebote aus dem Bereich der *Social Software* stellen *Permalinks* zur Verfügung, über die einzelne Texte (z.B. ein Weblogeintrag) direkt adressiert werden können und nicht ganze Webseiten referenziert werden müssen.

© Frank & Timme Verlag für wissenschaftliche Literatur

formen dienen vorrangig der Selbstdarstellung und der Pflege von sozialen Kontakten. Das Nutzerprofil enthält nähere Informationen zur eigenen Person und die Kontaktliste verdeutlicht Beziehungen zu anderen Usern der Seite. In einer SNS angemeldet zu sein bedeutet aber auch, eine umfangreiche Spur der eigenen Persönlichkeit im Internet zu hinterlassen, was misstrauische Onliner von einer Anmeldung abhält (siehe auch Kapitel 3.4). [vgl. Kaden (2009), S. 113; Richter, Koch (2007), S. 27]

Wikis: Wikis sind Online-Enzyklopädien, welche den zahlreichen Nutzern das gemeinsame Editieren von Textdokumenten erlauben, wobei stets der neutrale Standpunkt der Einträge im Mittelpunkt steht. Das heißt Textänderungen können stets nachvollzogen sowie Geschriebenes rückgängig gemacht oder Ergänzungen vorgenommen werden. Durch ein spontanes Kollektiv entsteht eine große Informationssammlung, wodurch jedoch der einzelne Autor nicht mehr in der Lage ist, die Validität eines Beitrages sicher zu stellen. Dieser Unsicherheitsfaktor wird bei Wikis oft kritisiert. Selbst das weltweit bekannteste Wiki *Wikipedia* ist vor dieser Kritik nicht geschützt. [vgl. Bucher (2009), S. 156ff; Schmidt (2006b), S. 38; Möller (2006), S. 185–186]

Weblogs/Microblogging: Ein Weblog ist eine chronologisch angelegte, häufig aktualisierte Website und dient seinem Verfasser als Onlinejournal oder -tagebuch. Er bestimmt selbst die thematische Ausrichtung und die Kommentarfunktion und ermöglicht den persönlichen Kontakt mit dem Leser. Durch nutzerfreundliche Technik ist das Publizieren mit dieser Anwendung in einfacher Form möglich. Jedoch muss beachtet werden, dass die Inhalte stets subjektiv geprägt sind (vgl. auch Kapitel 3.5). Nach dem gleichen Prinzip, nur auf 140 Zeichen beschränkt, funktionieren *Microblogging*-Dienste wie z.B. *Twitter*[8]. In Echtzeit werden Kurznachrichten an interessierte *Follower*[9] verschickt, wobei es aufgrund der Kürze zu einer extremen Beschränkung der mitgeteilten Gedanken

---

8 http://twitter.com/

9 Als *Follower* bezeichnet *Twitter* die Menschen, die virtuell mit einem Nutzer von *Twitter* befreundet sind und dadurch alle veröffentlichten Mitteilungen angezeigt bekommen.

kommt. [vgl. Nentwich (2009), S. 13; Przepiorka (2006), S. 14; Schmidt (2011), S. 160f.]

Social Tagging: Schlagwörter (sogenannte *Tags*) nutzt der Internetuser, um eine eigenständige Klassifizierung seiner persönlichen oder der Inhalte anderer Websites vorzunehmen. Dieser Vorgang dient der Suche nach bestimmten Informationen, welche ohne Verschlagwortung nicht eindeutig der Suchanfrage zugeordnet werden würden. Der Vorteil von *Social Tagging* stellt sich aber gleichsam als Nachteil dieser Anwendung heraus. Da jede Person nach subjektiven Kriterien die Tags vergibt, besteht die Gefahr, dass passende Inhalte letztlich doch unentdeckt bleiben. [vgl. Richter, Koch (2007), S. 24; Przepiorka (2006), S. 24]

Gemäß der in Kapitel 3.2 verwendeten Definition von *Social Software* lassen sich die vier genannten Arten in das Beziehungs-, Identitäts- oder Informationsmanagement einordnen. Diese Zuordnung wird in Abb. 3 vorgenommen und verdeutlicht gleichzeitig den Fokus der einzelnen *Social Software*-Ausprägungen.

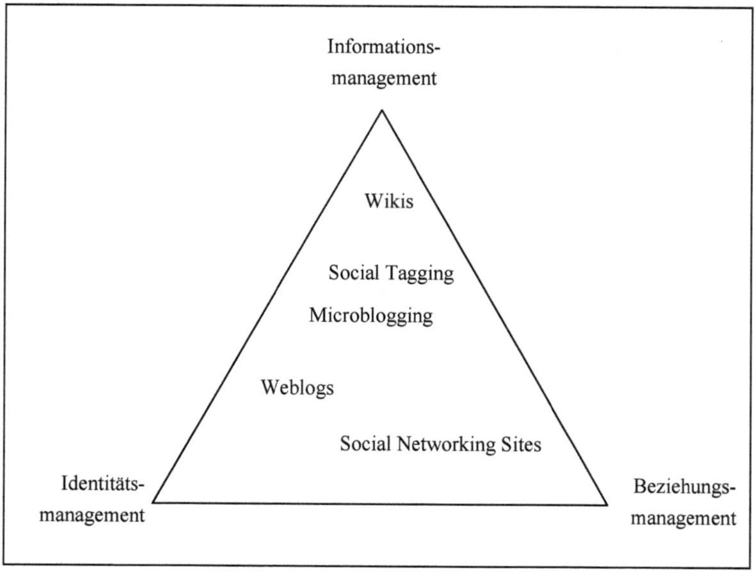

Abb. 3: Das "Social Software Dreieck" [eigene Abbildung in Anlehnung an Richter, Koch (2007), S. 12]

© Frank & Timme Verlag für wissenschaftliche Literatur

Wie in Kapitel 2.3.1 deutlich wird, sind insbesondere das Beziehungs- sowie das Identitätsmanagement für die informelle Wissenschaftskommunikation von Bedeutung. Aufgrund dieser Tatsache soll im Folgenden der Fokus auf *Social Networking Sites* und Weblogs gelegt werden, da diese Arten der *Social Software* die beiden oben genannten Managementfunktionen am besten unterstützen.

3.4 Social Networking Sites

Mit aktuell 600 Millionen[10] Nutzern [vgl. Roth (2011)] ist *Facebook*[11] mit Abstand die weltweit führende *Social Networking Site*. Das heißt, auf dieser Plattform hat sich ein unvorstellbar großes Netzwerk gebildet, in dem die soziale Interaktion und gemeinsame Bindungen im Vordergrund stehen. Das Phänomen *Facebook* lässt aber auch schnell vergessen, dass es noch zahlreiche andere SNS mit den verschiedensten Funktionen, spezialisiert auf die unterschiedlichsten Zielgruppen, gibt. Daher soll in diesem Kapitel dargestellt werden, was man genau unter diesen Gemeinschaften versteht und welche Funktionen und Ausprägungen zu finden sind.

3.4.1 Einordnung und Definition

Obwohl mit *SixDegree.com* bereits 1997 die erste *Social Networking Site* (im Folgenden auch Online-Community oder kurz Community genannt) in den USA gegründet wurde, dauerte es noch einige Jahre, bis Communities auch in der breiten Masse einen gewissen Bekanntheitsgrad erlangten. Den Durchbruch brachte das Web 2.0, sodass ab ca. 2003 immer mehr Online-Communities auf den Markt drängten. Diese erlaubten ihren Nutzern, Profile anzulegen und damit aktives Identitätsmanagement im Internet zu betreiben. Noch mehr unterstützten die Funktionalitäten jedoch die Umsetzung des Beziehungsmanagements, indem die einzelnen Nutzer unabhängig von Zeit und Raum in der Lage waren, die eigenen Kontakte zu pflegen und mit ihnen zu kommunizieren. [vgl. Boyd, Ellison (2008); Richter, Koch (2007), S. 27].

---

[10] Stand: Januar 2011

[11] http://www.facebook.com/

Boyd und Ellison fassen diese Funktionalitäten in ihrer Definition für *Social Networking Sites* folgendermaßen zusammen:

> *"We define social network sites as web-based services that allow individuals to (1) construct a public or semi-public profile within a bounded system, (2) articulate a list of other users with whom they share a connection, and (3) view and traverse their list of connections and those made by others within the system. The nature and nomenclature of these connections may vary from site to site." [Boyd, Ellison (2008)]*

Dabei entwickelten sich sehr unterschiedliche Typen von SNS, welche mit der Zeit um zahlreiche Funktionalitäten erweitert wurden.

3.4.2 Funktionen und Arten

Ein Großteil der *Social Networking Sites* weist identische Funktionen auf, mit denen das eigene Beziehungs- bzw. Identitätsmanagement gestaltet werden kann. Jedoch kann die technische Umsetzung bei jeder Plattform variieren, da die verschiedenen Zielgruppen unterschiedliche Bedürfnisse aufweisen. Die Hauptfunktionen teilen sich in die drei von Boyd und Ellison erwähnten Bereiche: Selbstdarstellung, Vernetzung und Kommunikation. Sie umfassen die folgenden Ausprägungen [vgl. dazu Nentwich, König (2011), S. 3; Boyd, Ellison (2008); Richter, Koch (2007), S. 28; Mühlenbeck, Skibicki (2007), S. 16]:

Selbstdarstellung:

- Erstellen eines eigenen Profils mit Angaben zum Lebenslauf, Interessen oder persönlichen Kontaktdaten. Im beruflichen Kontext nimmt dieses Profil bereits eine Visitenkartenfunktion ein.
- Einbinden von Fotos, Videos, Links und Musik, um Freunden die eigenen Vorlieben und das persönliche Profil noch besser darstellen zu können.
- Textliche Statusmeldungen dienen der Veröffentlichung des eigenen Gemütszustandes, der aktuellen Aktivität oder der neusten Ereignisse.

© Frank & Timme Verlag für wissenschaftliche Literatur

Vernetzung:

- Freundschaftslisten dienen der Verwaltung der eigenen Kontakte und geben eine Übersicht über die Freunde anderer. Verbindungslisten verdeutlichen zugleich, wer mit wem und über wie viele Kontakte befreundet ist.
- Durch die Gruppenfunktion finden Mitglieder mit gleichen Interessen zusammen und diskutieren zu bestimmten Themen bzw. tauschen sich aus.

Kommunikation:

- Mittels Nachrichtenfunktion kommunizieren angemeldete User über persönliche Nachrichten oder öffentlich über das Gästebuch.
- Die Kommentarfunktion ermöglicht es, die eigene Meinung zu Inhalten anderer User äußern zu können.
- Im integrierten Chat kommunizieren direkte Kontakte synchron miteinander.

Erfolg hat eine *Social Networking Site* jedoch nur dann, wenn sie es schafft, eine signifikante Anzahl an Usern anzuziehen, welche sich auf der Plattform aktiv austauscht. Neben der Weiterentwicklung der Funktionalitäten kann sich eine Community aber auch durch ihre fokussierte Ausrichtung einzigartig machen. Diese Ausrichtungen können in drei große Bereiche unterteilt werden. Es gibt *Social Networking Sites* für die private als auch für die berufliche Nutzung und letztlich eine Mischung aus Beidem. Die bekannteste "Mischcommunity" stellt dabei *Facebook* dar. Anfangs hauptsächlich für den privaten Gebrauch von Studenten konzipiert, werden mittlerweile auch mehr und mehr geschäftliche Kontakte darüber gepflegt bzw. geknüpft. [vgl. Nentwich, König (2011), S. 3]

Zu den bekanntesten geschäftlichen Communities zählen die amerikanische Plattform *LinkedIn*[12] bzw. das deutsche Pendant *Xing*[13]. Diese richten sich an Personen aus allen Branchen, um ihr berufliches Netzwerk zu pflegen und auszubauen. Zur Zielgruppe zählen aber auch Studenten, die ihre professionelle Laufbahn noch nicht begonnen haben. Sie erstellen in diesen Online-

---

[12] http://www.linkedin.com/

[13] https://www.xing.com/

Communities ein Profil, um erste berufliche Kontakte zu knüpfen und zur Unterstützung ihrer Jobsuche. Neben diesen allgemeinen, geschäftlichen SNS entstehen immer mehr branchenspezifische Communities. Für den wissenschaftlichen Bereich stehen mittlerweile gleich mehrere *Social Networking Sites* zur Verfügung (z.B. *ResearchGate*[14] oder *academia.edu*[15]), aber auch in der freien Wirtschaft finden beispielsweise Personaler (*HR.com*[16]) oder Internetentwickler (*Pingsta*[17]) auf speziell ausgerichteten Communities zusammen.

Den wohl größten Teil aller *Social Networking Sites* machen die mit einer privaten Ausrichtung aus. Wo *Orkut*[18] und *StudiVZ*[19] größtenteils auf die allgemeine Vernetzung von Freunden setzen, haben es themenspezifische Communities zum Ziel, Menschen mit bestimmten Interessenschwerpunkten zusammen zu bringen. So treffen sich z.B. auf *last.fm*[20] Musik- und Konzertinteressierte, auf *YouTube*[21] Liebhaber von kurzen Spots und auf *Couchsurfing*[22] Reisende, die bei Einheimischen eine Übernachtungsmöglichkeit auf der Couch finden oder sich mit ihnen auf einen Kaffee treffen. [vgl. Boyd, Ellison (2008), S. 213ff., Koch, Richter (2009), S. 59]

3.4.3 Bedeutung für die Wissenschaftskommunikation

"SNS gehören im wissenschaftlichen Sektor noch nicht zum 'Mainstream'." [Nentwich, König (2011), S. 22]. Jedoch handelt es sich dabei auch noch um ein sehr junges Phänomen, da die meisten wissenschaftlichen *Social Networking Sites* erst nach 2007 gegründet wurden. Zu den bekanntesten gehören wohl die

---

[14] http://www.researchgate.net/

[15] http://academia.edu/

[16] http://www.hr.com/

[17] http://www.pingsta.com/

[18] http://www.orkut.com/

[19] http://www.studivz.net/

[20] http://www.lastfm.de/

[21] http://www.youtube.com/

[22] http://www.couchsurfing.org/

 © Frank & Timme Verlag für wissenschaftliche Literatur

2008 gegründeten *Academia.edu, scholarz.net*[23] und die seit 2009 verfügbare Plattform *Mendeley*[24]. Selbst die größte Wissenschafts-Community *Research-Gate* existiert erst seit 2008. [vgl. Nentwich, König (2011), S. 6f.]

Die noch geringe Durchdringung im Wissenschaftssystem verdeutlichen unterschiedliche Studien. Koch und Moskaliuk befragten im Jahr 2009 deutsche Doktoranden (n= 2.361) zu ihren Nutzungsgewohnheiten bezüglich verschiedener *Social Software* Tools. Trotz der jungen Zielgruppe gaben 40% der Befragten an, dass sie nie SNS nutzen. Lediglich 23% der Befragten nutzen diese Möglichkeit häufig bzw. sehr häufig. Ein ähnliches Bild zeichnen Procter et al. mit einer 2010 durchgeführten Studie unter britischen Wissenschaftlern (n= 1.308). Lediglich 13% der Befragten gaben an, sich mindestens einmal in der Woche für wissenschaftliche Zwecke bei Communities anzumelden. Die noch geringe berufliche Nutzung von SNS ist aber kein alleiniges Phänomen der Wissenschaft. Mit 42% aller deutschen Onliner sind laut ARD/ZDF-Onlinestudie 2011 (n= 1.319) zwar deutlich mehr Personen in privaten und beruflichen Communities angemeldet, jedoch haben davon nur 6% ein Profil bei einer beruflichen Social Networking Site. [vgl. Koch, Moskaliuk (2009); Procter et al. (2010), S. 32f.; Busemann, Gscheidle (2011), S. 365]

Gründe für die Nichtnutzung in der Wissenschaft sind zahlreich auszumachen. Beispielsweise stellen unklare Datenschutzstandards für Wissenschaftler eine große Nutzungshürde dar, wodurch selbst Interessierte von einer Anmeldung bei einer Community absehen. Zudem ist den meisten Wissenschaftlern die virtuelle Zusammenarbeit oft unbekannt, sodass diese Nutzungsweisen noch erlernt werden müssen. Da sich bisher noch keine Community als Marktführer etablieren konnte, kommt für Wissenschaftler erschwerend hinzu, dass sie eigentlich bei mehreren SNS angemeldet sein müssten, um ihr gesamtes, an *Social Networking Sites* partizipierendes Netzwerk zu erreichen. Letztlich ist der Zeitmangel eine nicht zu unterschätzende Determinante, welche viele Wissenschaftler von einer

23 http://www.scholarz.net/

24 https://www.mendeley.com/

Teilnahme absehen lässt. [vgl. Nentwich, König (2011), S. 28; Weller et al. (2007), S. 37]

Trotz dieser Gründe und unter Berücksichtigung, dass es sich noch um ein sehr junges Phänomen handelt, nutzt ein nicht unbeachtlicher Teil der Wissenschaftler *Social Networking Sites* für Ihre Arbeit. So kann z.B. die größte Wissenschafts-Community *ResearchGate* bereits auf über eine Million Mitglieder verweisen. Ein Wachstumsende ist kaum abzusehen, haben doch die Gründer insbesondere "Großkunden" im Visier. So nutzt beispielsweise die deutsche *Max-Planck-Gesellschaft* bereits die Onlineplattform, um das Wissen ihrer Mitarbeiter miteinander verknüpfen zu können. Neben dem Informationsmanagement bescheinigt eine Umfrage unter den Nutzern dieser SNS insbesondere auch die Bedeutung für das eigene Beziehungsmanagement. 34% der Nutzer sind bei *ResearchGate* angemeldet, um neue Kontakte und Forschungspartner zu finden, 15%, um Verbindungen zu Kollegen herzustellen und 12%, um Kooperationen mit anderen Wissenschaftlern über diesen Kanal in die Wege zu leiten. Ein Hinweis darauf, welche Bedeutung *Social Networking Sites* für die informelle Wissenschaftskommunikation einnehmen kann. Zudem suchen 37% der Mitglieder auf *ResearchGate* Informationen, die relevant für ihr eigenes Forschungsfeld sind. Dass diese virtuelle Kommunikation insbesondere für einander unbekannte Wissenschaftler erfolgversprechend ist, zeigt das Beispiel eines Toxikologen aus Karlsruhe. Er suchte bei *ResearchGate* nach einem Farbstoff zum Markieren von DNA und bekam bereits am darauffolgenden Tag Antworten aus Brasilien und Indien. [vgl. Herring (2011);Hohensee (2010); Wieselberg (2009)]

3.5 Weblogs

Mit der Etablierung des Web 2.0 wuchs auch die Bedeutung für Weblogs, sodass aktuell laut *BlogPulse* über 175 Millionen Weblogs weltweit existieren[25]. Trotz dieses großen und vielfältigen Angebots nutzen 2011 lediglich 7% der Deutschen diese Anwendung und nur 1% davon regelmäßig. [vgl. Busemann,

---

[25] Vgl. http://www.blogpulse.com/, Zuletzt geprüft am 11.11.2011

© Frank & Timme Verlag für wissenschaftliche Literatur

Gscheidle (2011), S. 362] Dies ist ein möglicher Hinweis darauf, dass Weblogs nur eine bestimmte Zielgruppe der Internetnutzer ansprechen. In den kommenden Abschnitten soll geklärt werden, was unter diesem Begriff genau zu verstehen ist, welche Funktionalitäten sie bieten und welche Ausprägungen zu identifizieren sind. Abschließend soll die Nutzung von Weblogs in der Wissenschaft erörtert werden.

3.5.1 Einordnung und Definition

Ähnlich der *Social Networking Sites* sind Weblogs wesentlich älter, als es der Hype um das Web 2.0 vermuten lässt. Bereits 1997 prägte Jorn Barger den Begriff Weblog, eine Zusammensetzung aus "Web", der Kurzform für World Wide Web und "Log" für Logbuch. [vgl. Alby (2007), S. 21; Schmidt (2006a), S. 13] Zur Etablierung dieser oft als Blog abgekürzten Internetanwendung führte insbesondere die leicht zu bedienende Software, welche durch die Gründung zahlreicher Blog-Portale wie zum Beispiel *Blogger*[26] (1999) oder *Wordpress*[27] (2004) signifikante Verbreitung fand. Diese Anbieter ermöglichen dem Internetnutzer die kostenlose und unmittelbare Installation eines Weblogs, ohne jegliche Programmierkenntnisse. [vgl. Bucher, Büffel (2006), S. 134]

Przepiorka liefert eine umfassende und sehr treffende Definition des Begriffs Weblog, mit welcher auch im Folgenden gearbeitet werden soll:

> *"Ein Weblog ist eine häufig aktualisierte Webseite, auf der Inhalte jeglicher Art in chronologisch absteigender Form angezeigt werden. Ein Weblog kann typischerweise die Form eines Tagebuches, eines Journals, einer What's-New-Page oder einer Linksammlung zu anderen Webseiten annehmen. Der Autor ist dabei entweder eine einzelne Person oder auch eine Gruppe. Alle Inhalte sind i.d.R. durch Links mit anderen Webseiten verlinkt und können unmittelbar durch den Leser kommentiert werden." [Przepiorka (2006), S.14]*

---

[26] http://www.blogger.de

[27] http://wordpress.org/

3.5.2 Funktionen und Arten

Die in der Definition von Przepiorka benannte Verlinkung sowie die Kommentarfunktion sind maßgeblicher Bestandteil jeder Blogkommunikation. Ähnlich der Fußnotenfunktion in der Wissenschaft verlinken Blogger[28] auf andere Websites (vorrangig Weblogs), um ihre Informationsquellen offen zu legen bzw. auf weiterführende Informationen zum Thema zu verweisen. Daraus entsteht ein engmaschiges Blogger-Netzwerk, die sogenannte Blogosphäre. Aufgrund von *Permalinks*, das heißt eine feste URL für jeden Blogartikel, kann ein Blogger garantieren, dass ein gesetzter Verweis auch noch nach Wochen und Monaten gefunden wird. Die Kommentarfunktion hingegen erlaubt es dem Leser eines Weblogs aktiv mit dem Autor bzw. anderen Lesern in Kontakt zu treten. Anregungen, Hinweise und Kritik werden zu den Inhalten geäußert und diskutiert. Führt ein zweiter Blogger die Diskussion auf seinem persönlichen Blog weiter, kann er mit Hilfe eines *Trackbacks* Leser des Ursprungsartikels darauf aufmerksam machen, dass dieses Thema nun auch an anderer Stelle aufgegriffen wurde. Um stets auf dem neusten Stand zu bleiben, haben letztlich Leser die Möglichkeit, sich RSS-Feeds[29] von den ihnen favorisierten Weblogs zu abonnieren. [vgl. Alby (2007), S. 22–23; Przepiorka (2006), S. 15, Schmidt (2006a), S. 13]

Neben den materiellen Eigenschaften identifiziert der Kommunikations- und Medienwissenschaftler Martin Welker jedoch noch weitere Funktionalitäten, welche Weblogs so besonders machen: "*Wichtiger als die äußerlichen Gründe sind allerdings die inhärenten, nicht-materiellen Eigenschaften von Weblogs [...]: Interaktivität, Individualität, Peer-to-Peer-Logik[30], Einfachheit und Schnelligkeit.*" [Welker (2006), S. 160] Aus der von ihm genannten Individualität erwächst aber auch die Besonderheit, dass es sich bei Blog-Artikeln meist um subjektive Berichterstattungen handelt. Das wird insbesondere in den verschie-

---

[28] Als Blogger werden Verfasser von Beiträgen in Weblogs bezeichnet.

[29] Abonnement von Websiteinhalten, wobei die neusten Beiträge mit der Überschrift und kurzem Anreißertext angezeigt werden, ohne dass ein direktes Aufrufen der Website nötig ist.

[30] Kommunikation unter Gleichen.

 © Frank & Timme Verlag für wissenschaftliche Literatur

denen Arten von Weblogs deutlich. Beck identifiziert dabei drei verschiedene Ausprägungen:

Persönliche Tagebücher oder Onlinejournale: Der meistverbreitete Weblog-Typus richtet sich vorrangig an den Bekanntenkreis der Blogger und dient dem Identitätsmanagement. Größtenteils von Frauen oder Teenagern betrieben, bestimmen insbesondere private Themen den Inhalt.

Laien- oder journalistische Blogs: Laienblogs sind Gegenöffentlichkeiten zu den traditionellen Massenmedien und bearbeiten meist – ähnlich den journalistischen Blogs etablierter Medien – Themenbereiche, die in der klassischen Berichterstattung zu kurz kommen.

Corporate Blogs: Weblogs, die von Unternehmen zur Kundenbindung eingesetzt werden, wobei die direkte Ansprache des Kunden im Mittelpunkt steht.

Darüber hinaus spricht Schmidt von **K-logs (Knowledge Logs)**, welche insbesondere der kollaborativen Wissenserstellung und -verbreitung dienen. Nachrichtenselektion und das Kommentieren von anderen Veröffentlichungen sind für diese Blogs typisch, wobei gewisse Schnittstellen zu den Laien- bzw. journalistischen Weblogs zu identifizieren sind. [vgl. Beck (2008), S. 63; Schmidt (2008b), S. 77]

Weblogs von Wissenschaftlern lassen sich nach der genannten Unterteilung größtenteils den K-Logs zuordnen. In wenigen Fällen können Wissenschaftsblogs aber auch die Eigenschaften von persönlichen Tagebüchern oder Onlinejournalen annehmen.

3.5.3 Bedeutung für die Wissenschaftskommunikation

Die Verbreitung von Weblogs in der Wissenschaftskommunikation ist ähnlich schwach ausgeprägt, wie die der *Social Networking Sites*. Koch und Moskaliuk fanden bei ihrer Befragung unter deutschen Doktoranden (n= 2.361) heraus, dass mehr als die Hälfte (52%) niemals Weblogs aufrufen. Trotz der jungen Zielgruppe nutzen lediglich 13% der Befragten diese Anwendung zumindest gelegentlich, wobei 3% einen eigenen wissenschaftlichen Blog betreiben. Jedoch ergeben sich in der Blognutzung starke Länderunterschiede. Laut einer Studie von Procter et al. (n= 1.308) veröffentlichen 16% aller britischen Wissenschaftler mindestens gelegentlich eigene Blogbeiträge. Immerhin 21% der Befragten kommentieren in Blogs, was auf eine wesentlich höhere Nutzerzahl als in Deutschland schließen lässt. Wie viele britische Wissenschaftler in Summe Weblogs lesen, wird in der Studie jedoch nicht genannt. Darüber hinaus weist die Studie auf eine differenzierte Blognutzung in den einzelnen Disziplinen hin. 7,7% der Informatiker und Mathematiker sind regelmäßige Blogger, dicht gefolgt von den Geisteswissenschaftlern mit 6,6%. Sozial- und Wirtschaftswissenschaftler können hingegen nur auf einen Anteil von 3,6% verweisen. Mediziner bilden das Schlusslicht, da sie mit einem Anteil von lediglich 0,5% fast gar keine Blogbeiträge verfassen. [vgl. Koch, Moskaliuk (2009); Procter et al. (2010), S. 20, 28 & 61]

Im Rahmen der gleichen Studie führten Procter et al. mit einigen Befragten Tiefeninterviews durch, wobei ein Wissenschaftler die Bandbreite der Einsatzmöglichkeiten von Weblogs in der Wissenschaftskommunikation skizziert:

> *"It almost offers you a half way house in that you can be less formal, you don't have to have completed your research project, you can talk about your research findings ... and it's put out there in the public space and people can comment or interact without having to wait until your final output is a journal article that will appear in print." [Procter et al. (2010), S. 28]*

Deutlich wird, dass es sich im Gegensatz zu *Social Networking Sites* nicht um eine geschlossene Plattform handelt, auf der Wissenschaftler untereinander kommunizieren. Aufgrund der allgemeinen Verfügbarkeit von Blogs, erfüllen sie Funktionen sowohl für die interne als auch für die externe Wissenschaftskommunikation. Für letztere besteht der große Vorteil in der direkten Vermittlung wissenschaftlicher Erkenntnisse an die interessierte Bevölkerung, welche aufgrund der Kommentarfunktion direkt auf den Blog-Beitrag reagieren kann. Die Möglichkeiten für die externe Wissenschaftskommunikation werden aufgrund der Fokussierung dieser Arbeit jedoch im Folgenden nicht näher betrachtet. [vgl. Nentwich (2009), S. 12f]

Für die interne Wissenschaftskommunikation (insbesondere die informelle) bieten Weblogs gleichzeitig eine fachliche und soziale Erschließung gewisser

© Frank & Timme Verlag für wissenschaftliche Literatur

Themengebiete. Die aus schneller Hand und damit eher informell geschriebenen Berichte können als öffentliche Kommentierung des wissenschaftlichen Geschehens oder als Informationsplattform für das Fachgebiet des bloggenden Wissenschaftlers dienen. Eine große Themenvielfalt im Netz entsteht. Damit sind insbesondere junge und noch unbekannte Wissenschaftler in der Lage, sich persönlich in der *Scientific Community* zu etablieren und Kontakte zu anderen Wissenschaftlern zu knüpfen. [vgl. Haber, Hodel (2007), S. 78; Kaden (2009), S. 146ff., Nentwich (2009), S. 12f.]

Unterstützend wirkt für dieses Vorhaben nicht nur der Weblog allein, sondern insbesondere auch wissenschaftliche Blogplattformen, die sich in den vergangenen Jahren etablieren konnten. Im deutschsprachigen Raum haben Wissenschaftler auf *scilogs.de*[31] die Möglichkeit, im Rahmen dieser Plattform einen Weblog für ihren Fachbereich zu eröffnen. Ein ähnliches Angebot, nur international ausgelegt und in drei Sprachen verfügbar, bietet *scienceblog.com*[32]. Mehrere Wissenschaftsblogs auf einer Seite vereint zu haben, bietet dem Leser eine große Auswahl verwandter Themen und einen schnellen Überblick über verschiedene Perspektiven. Neben den Lesern profitieren aber auch die Verfasser, indem die Vernetzung der einzelnen Blogger angestrebt wird: "*There's a super-secret backchannel forum for just the ScienceBlogs people to chat away in, and it is a very busy place.*" [Amsen (2006), S.11]

In der einfachen und schnellen Veröffentlichungsform und der Möglichkeit, Kommentare von Lesern zu erhalten, sehen einige Befürworter von Wissenschaftsblogs eine mögliche Plattform der Vorabpublikation. Aufgrund der direkten Rückmeldungen entsteht eine Art Open-Peer-Review-Verfahren, woraufhin der Autor direkt Hinweise aufnehmen und weiter verarbeiten kann. Jedoch ist die Einbindung von Blogs in den publikationsvorbereitenden Wissenschaftsprozess noch sehr selten. "*There's the problem of getting scooped, of student confidentiality, and the fact that many journals will not accept anything that has been published previously.*" [Amsen (2006), S. 10] Die Gefahr, auf dem eigenen

---

[31] http://www.scilogs.de/

[32] http://scienceblogs.com/

Weblog zu viel über die eigene Forschung preiszugeben, wollen viele Wissenschaftler nicht eingehen. Das ist nach Ansicht verschiedener Kritiker auch nicht nötig, da ein Wissenschaftler derzeit keinen Blog führen muss, um sich in der Wissenschaft zu etablieren. Mit diesem Prozess gehen in den Augen Vieler aber auch die interessanten Themen für Weblogs verloren und sie sehen die Gefahr, dass nur triviale Dinge besprochen werden. Letztlich kommt auch in vielen Fällen der benötigte Zeitaufwand für das Verfassen von Blogbeiträgen zur Sprache, der dem gegenüberstehenden Nutzen nicht gerecht wird. [vgl. Kaden (2009), S. 143 & 149ff.]

© Frank & Timme Verlag für wissenschaftliche Literatur

4 Problemstellung

Im Folgenden wird die zu untersuchende Fragestellung durch eine Beschreibung der Ausgangslage verdeutlicht und mit der Formulierung der Forschungsfrage sowie den dazugehörigen Hypothesen definiert.

4.1 Aktueller Forschungsstand

Obwohl Wissenschaft meist direkt mit Internationalität in Verbindung gebracht wird, zeigen stetig wachsende internationale Kooperationen in diesem Bereich, dass noch kein ausgeglichenes Weltwissenschaftssystem vorherrscht. Vielmehr machen verschiedene Indikatoren wie z.B. die fortschreitende disziplinäre Ausdifferenzierung, sowie die weltweite Globalisierung deutlich, wie wichtig der Ausbau von internationalen Kontakten und Kooperationen ist. Insbesondere den neuen, technologischen Möglichkeiten – allen voran dem Internet – werden besondere Potenziale eingeräumt, um diese Internationalisierung voran zu treiben (vgl. Kapitel 2.4.2).

Der aktuelle Forschungsstand macht bei der vorherrschenden internationalen Wissenschaftskommunikation jedoch Ungleichmäßigkeiten deutlich. Schott zeigte 1988 in einer Zitationsanalyse, dass sich weltweit sechs Kommunikationsräume gebildet haben, die sich gegenseitig beeinflussen. Dabei unterteilt er in zentrale sowie periphere Wissenschaftsländer. [vgl. Schott (1988)] In einer Studie zu internationalen Koautorenschaften aus dem Jahr 2006 bestätigen Engels und Ruschenberg diese Tendenz. Zwar konnten sie ein starkes Wachstum an internationalen Kooperationen feststellen, jedoch führte dieses eher zu einer Kommunikationsverdichtung mit den etablierten Kommunikationspartnern, statt zu einer Ausweitung auf andere Regionen. [vgl. Engels, Ruschenberg (2006)] Ähnliche Ergebnisse zeigen sich in einer Verlinkungsstudie von Halavais. In dieser stellt er zwar heraus, dass die Wissenschaft im Internet führend ist im Setzen von Links zu internationalen Websites, jedoch wird bei näherer Betrachtung deutlich, dass sich diese Verlinkungen wieder auf bestimmte Kulturräume reduzieren. [vgl. Halavais (2000)] Gleichzeitig ist Halavais aber auch einer von Wenigen, der die Internationalisierung der Wissenschaft in Verbindung mit den neuen Technologien untersucht.

Vielmehr befassen sich die meisten Studien beispielsweise mit der Durchdringung von Web 1.0-Technologien in der akademischen Welt [vgl. Nentwich (2003)] oder inwieweit die digitale Revolution die interne Wissenschaftskommunikation verändert [vgl. Davies, Greenwood (2004)]. Barjak stellt in seiner Studie *The Role of the Internet in Scholarly Communication* zwar einen Länder- und Disziplinenvergleich hinsichtlich des Nutzungsverhaltens an, jedoch bleibt dabei die Frage offen, ob das Internet auch bewusst für die internationalen Kontakte eingesetzt wird [vgl. Barjak (2006)].

Mit dem Durchbruch des Web 2.0 konnten sich zudem Anwendungen etablieren, welche effiziente und günstige Möglichkeiten bieten, die interne Wissenschaftskommunikation auch über weite Entfernungen zu ermöglichen bzw. zu fördern. Insbesondere Weblogs und *Social Networking Sites* haben sich als sehr praktikabel erwiesen (vgl. Kapitel 3). Dabei sind in Studien zu Web 2.0-Technologien ähnliche Tendenzen auszumachen, wie in Studien, die generell die Möglichkeiten des Internets betrachten. Beispielsweise untersuchen Nentwich und König die Einsatzmöglichkeiten von *Social Networking Sites* ganz allgemein für die Wissenschaft. [vgl. Nentwich, König (2011)] Bauschke und Urban stellen zwar die Möglichkeiten einer virtuellen Community zur Etablierung eines internationalen Netzwerkes für Nachwuchsforscherinnen in den Mittelpunkt, jedoch geht die Studie von einer geschlossenen Gruppe aus, wodurch kaum Aussagen für die Internationalisierung der informellen Wissenschaftskommunikation möglich sind [vgl. Bauschke, Urban (2009)]. Lediglich Procter et al. machen in ihrer Studie *How researchers perceive and use web 2.0* Potentiale für die internationale Wissenschaftskommunikation deutlich. Sie untersuchen das Nutzerverhalten von britischen Wissenschaftlern hinsichtlich Web 2.0-Tools für die interne Wissenschaftskommunikation und kamen u.a. zu folgendem Ergebnis: "*There are clear correlations between use of web 2.0 tools and services and researchers' involvement in collaborative work across institutional and national boundaries.*" [Procter et al. (2010), S. 7]

 © Frank & Timme Verlag für wissenschaftliche Literatur

Offen bleiben an dieser Stelle differenzierte Betrachtungen dieser Erkenntnis. In welchen Bereichen sind die einzelnen Anwendungen in der Lage, die Internationalisierung der informellen Wissenschaftskommunikation voranzutreiben? Ergeben sich bei dem Einsatz von Web 2.0-Technologien Unterschiede innerhalb der einzelnen Disziplinen? Und nutzen periphere Wissenschaftsländer diese Technologien verstärkter als etablierte Wissenschaftsländer, um ihre Position in der *Scientific Community* zu stärken? Ziel der vorliegenden Arbeit ist es, Antworten auf diese Fragen zu geben.

4.2 Forschungsfrage und Hypothesen

Auf Grundlage der beschriebenen Ausgangslage soll diese Arbeit folgende Forschungsfrage untersuchen:

> *Inwieweit beeinflusst die Nutzung von Social Software (im Speziellen Social Networking Sites und wissenschaftliche Weblogs) die Internationalisierung der internen, informellen Wissenschaftskommunikation?*

Wie in Kapitel 3.3 dargelegt, sollen dabei nicht alle *Social Software* Anwendungen in die Untersuchung aufgenommen werden. Im Folgenden werden lediglich *Social Networking Sites* und Weblogs auf die Forschungsfrage angewandt, da durch ihre Eigenschaften der größte Nutzen für die informelle, internationale Wissenschaftskommunikation zu erwarten ist.

Aus den bisherigen theoretischen Überlegungen werden zur Beantwortung der Forschungsfrage im Folgenden Hypothesen aufgestellt, welche mit Hilfe einer Onlineumfrage geprüft werden sollen. Dabei ist die Betrachtung einer allgemeinen sowie einer speziellen Dimension notwendig. Die allgemeine Dimension soll dabei untersuchen, ob *Social Networking Sites* und wissenschaftliche Weblogs wirklich einen Einfluss auf die Internationalisierung der internen, informellen Wissenschaftskommunikation haben. Einerseits wird untersucht, ob diese Instrumente das Beziehungsmanagement (Kontakte, Kooperationen etc.) fördern. Hierfür gilt:

1.1. Durch die Nutzung von *Social Networking Sites* und wissenschaftliche Weblogs pflegen Wissenschaftler mehr internationale Kontakte, vorhandene Kontakte werden intensiviert und es ist ein Anstieg internationaler Kooperationen zu verzeichnen.

Andererseits soll beleuchtet werden, ob Zeit und Raum in SNS und Weblogs wirklich an Relevanz verlieren und dadurch Grenzen aufgehoben werden, die zur gleichberechtigten Teilnahme in der *Scientific Community* führen. Dafür gilt:

1.2. Die Nutzung von *Social Networking Sites* und wissenschaftlichen Weblogs führt zu einer "Entmachtung" der Parameter Zeit und Raum im Rahmen der informellen, internen Wissenschaftskommunikation, wodurch sich Wissenschaftler besser über ihren Fachbereich informieren und mit weit entfernten Kollegen kommunizieren können. Ländergrenzen werden überwunden und es resultiert eine bessere Integration in die *Scientific Community.*

Die speziellen Dimensionen hingegen untersuchen anhand der Faktoren Wissenschaftsland und Disziplin, ob dieser Einfluss überall gleichmäßig ausgeprägt ist, oder von Fall zu Fall unterschieden werden muss. Daraus ergeben sich die folgenden Hypothesen:

2.1. Periphere Wissenschaftsländer machen stärker Gebrauch von den erweiterten Kommunikationsmöglichkeiten in *Social Networking Sites* und wissenschaftlichen Weblogs im Rahmen ihrer internationalen, informellen Wissenschaftskommunikation als bedeutende Wissenschaftsländer.

2.2. Die einzelnen wissenschaftlichen Disziplinen unterscheiden sich deutlich in der Nutzung von Communities und Weblogs für die Internationalisierung der informellen Wissenschaftskommunikation.

© Frank & Timme Verlag für wissenschaftliche Literatur

5 Methodik und Untersuchungsdesign

5.1 Methodik: Online-Befragung

Informelle Kommunikationsprozesse in der Wissenschaft finden größtenteils im nicht-öffentlichen, maximal noch im semi-öffentlichen Raum statt, wodurch es schwer ist, diese Prozesse zu beobachten und zu analysieren. [vgl. Kaden (2009), S. 77] Aus diesem Grund ergab sich die Notwendigkeit, die Wissenschaftler selbst zu befragen. Von den zur Verfügung stehenden Befragungsmodi bot die quantitativ ausgerichtete Onlineumfrage die meisten Vorteile:

- Die geographische Distanz der Akteure wird durch eine Onlinebefragung irrelevant.
- Eine Onlineumfrage ist sehr zeiteffizient, da eine große Anzahl von Befragten sehr leicht erreichbar ist. Die Dateneingabe per Hand wird zudem durch das digitalisierte Verfahren überflüssig und vereinfachte Auswertungsmöglichkeiten stehen zur Verfügung.
- Durch die Automatisierung sind Fehlerquellen bei der Dateneingabe ausgeschlossen, Versuchsleiter-Effekte werden ebenfalls vermieden.
- Das Ausfüllen der Umfrage ist 24 Stunden am Tag möglich, wodurch insbesondere auch vielbeschäftigte Wissenschaftler zu einem Zeitpunkt ihrer Wahl teilnehmen können. [vgl. auch Thielsch, Weltzin (2009), S. 70]

Einziger großer Nachteil von Onlinebefragungen ist, dass lediglich Wissenschaftler erreicht werden, die zur Onlinebevölkerung gehören. Da heutzutage in der Regel aber jeder Wissenschaftler zumindest am Arbeitsplatz über einen Internetzugang und ebenfalls über eine E-Mail-Adresse verfügt und das Thema der Umfrage die Internetnutzung voraussetzt, ist die Erreichbarkeit zum größten Teil sicher gestellt.

5.2 Stichprobenauswahl

Zu Beginn des Entwicklungsprozesses wurde die zu erhebende Stichprobe festgelegt, welche verschiedene Anforderungen erfüllen musste, um der Beantwortung der Forschungsfrage dienlich zu sein.

Ländervergleich

Um mögliche Unterschiede zwischen etablierten und peripheren Wissenschaftsländern herausstellen zu können, wurde Deutschland für die erstgenannte und Bulgarien für die zweitgenannte Ländergruppe ausgewählt.

Deutschland zählt seit Jahrzehnten zu den führenden Wissenschaftsnationen. Gemäß der *Royal Society* belegt Deutschland Platz 5 bei den weltweiten Publikationen[33], ist nach den USA und Großbritannien das meist zitierte Land der Welt und weist die drittgrößte Rate an internationalen Kooperationen auf. Mit 2,53% des nationalen Bruttoinlandsprodukts sind die Investitionen für Forschung und Entwicklung in Deutschland fünfmal höher als in Bulgarien.

Das Balkanland hingegen konnte im Jahr 2008 lediglich auf 2227 Publikationen verweisen und auch internationale Kooperationen sind nur in geringem Maße vorhanden. Wie eine Darstellung der Kooperationen unter den EU-Ländern (vgl. Abb. 4) zeigt, gehört Bulgarien selbst im EU-Vergleich eher zu den unbedeutenden Wissenschaftsländern. [vgl. The Royal Society (2011), S. 17ff.; UNESCO (2010), S. 166 & 191]

Neben den genannten Differenzen im Wissenschaftssektor sind zwischen Deutschland und Bulgarien momentan auch noch große Unterschiede in der Internetnutzung auszumachen. Waren laut *Eurostat 2010* in Deutschland 74% der Bevölkerung regelmäßig online, kommt Bulgarien im gleichen Jahr nur auf 43% Online-Bevölkerung. [vgl. Seybert, Lööf (2010), S. 1] Jedoch können die Bulgaren auf eine bemerkenswerte Rate in der Nutzung der weltweit größten *Social Networking Site Facebook* verweisen. Mit mehr als 2,1 Mio. bulgarischen Nutzern beträgt die Durchdringung von *Facebook* in der Gesamtbevölkerung mehr als 30% (und einer Durchdringung in der Onlinebevölkerung von fast 64%), wohingegen Deutschland mit einem wesentlich höheren Anteil an Onlinern lediglich eine Durchdringung von 25% vorweisen kann. Dieser Unterschied gibt

[33] Der deutsche Wissenschaftsrat beziffert die Publikationsleistung im Zeitraum von 1999 bis 2009 auf 766.000. Somit wurden pro Jahr durchschnittlich 76.600 Publikationen veröffentlicht. [vgl. Deutscher Wissenschaftsrat (2010), S. 2]

 © Frank & Timme Verlag für wissenschaftliche Literatur

einen Hinweis auf die Relevanz von *Social Networking Sites* in Bulgarien. [vgl. socialbakers (2011)]

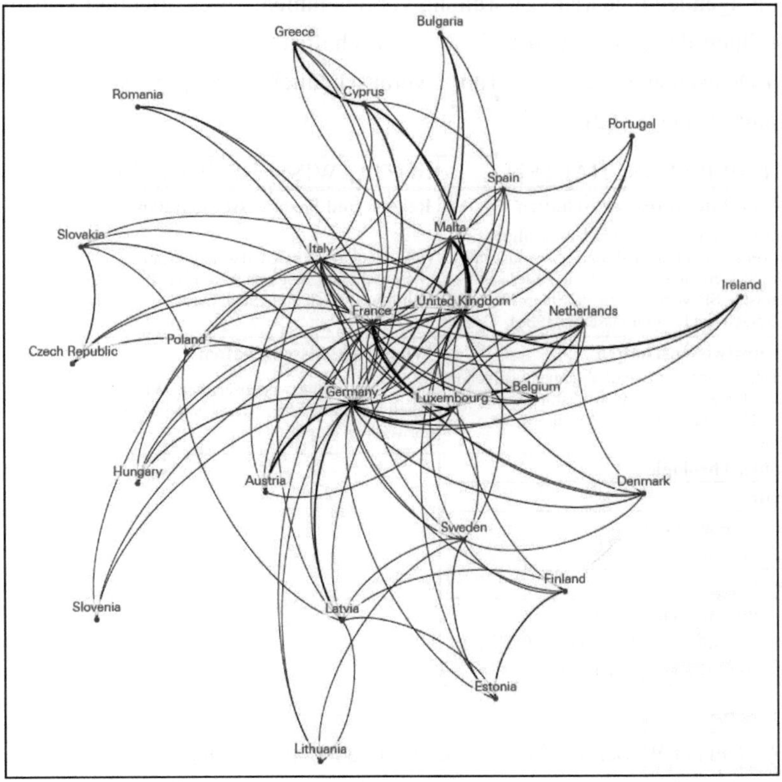

Abb. 4: Kooperationen zwischen den EU27-Staaten von 2004 bis 2008[34] [The Royal Society (2011), S. 69]

Disziplinenvergleich

Für den Disziplinenvergleich sollen die Geistes- und die Sozialwissenschaften gegenüber gestellt werden. Da es insbesondere in den Fachbereichen dieser zwei

[34] Verbindungen zwischen den einzelnen Ländern wurden gezogen, wenn mindestens 25 Papers im Zeitraum zwischen 2004 und 2008 kooperativ erarbeitet wurden. Stärkere Linien verdeutlichen eine höhere Anzahl an Kooperationen. [vgl. The Royal Society (2011), S. 69]

Disziplinen zu starken Überschneidungen kommt bzw. teilweise Unterdisziplinen den beiden Oberdisziplinen gleichermaßen zugewiesen werden können, wird im Folgenden eine klare Zuordnung vorgenommen. Diese orientiert sich an der Einteilung der Sozial- und Geisteswissenschaften des statistischen Bundesamtes in Deutschland, welche in Tab. 1 veranschaulicht wird. [vgl. Statistisches Bundesamt (2011), S. 62]

GEISTESWISSENSCHAFTEN	SOZIALWISSENSCHAFTEN
Sprach- und Literaturwissenschaften (inkl. Sprach- und Kulturwissenschaften allgemein, Allg. und vergl. Literatur- und Sprachwissenschaft, Altphilologie, Germanistik, Anglistik, Amerikanistik, Romanistik, Slawistik, Baltistik, Finno-Ugristik, Sonstige Sprach- und Kulturwissenschaften)	**Rechts- und Sozialwissenschaften** (inkl. Rechts-, Wirtschafts- und Sozialwissenschaften, Regionalwissenschaften, Politikwissenschaften, Sozialwesen)
Kunst, Kunstwissenschaften (inkl. Kunst, Kunstwissenschaft allgemein, Bildende Kunst, Gestaltung, Darstellende Kunst, Film und Fernsehen, Theaterwissenschaft, Musik, Musikwissenschaft)	**Wirtschaftswissenschaften** (inkl. Verwaltungswissenschaften, Wirtschaftswissenschaften, Wirtschaftsingenieurwesen)
Philosophie, Theologie	
Geschichte	
Erziehungswissenschaften (inkl. Sonderpädagogik)	
Psychologie	
Andere Kulturwissenschaften (inkl. Bibliothekswesen, Dokumentation, Publizistik Kulturwissenschaften im engeren Sinn)	
Sport	

Tab. 1: Aufbau der Wissenschaftszweige und Wissenschaftsgebiete [Eigene Darstellung in Anlehnung an das Statistische Bundesamt (2011), S.62]

Konkrete Stichprobenauswahl

Da es aus forschungsökonomischen Gründen nicht möglich war, alle wissenschaftlichen Einrichtungen in Deutschland und Bulgarien zu befragen, wurden als Stichprobe für jedes Land zwei Universitäten ausgewählt, in welchen die Disziplinen Sozialwissenschaften und Geisteswissenschaften gleichermaßen vertreten sind. Für die deutsche Stichprobe dienten die *Europa-Universität Viadrina* in Frankfurt (Oder) und die *Humboldt Universität* in Berlin, für die bulgarische Stichprobe die *St. Kliment Ohridski Universität* sowie die die *Neue Bulgarische Universität*, beide in Sofia.

 © Frank & Timme Verlag für wissenschaftliche Literatur

Die E-Mail-Adressen zur Einladung der Befragten wurden im Zeitraum von Mitte Mai bis Mitte Juni 2011 den Internetseiten der betreffenden Universitäten entnommen, wobei nur Fachbereiche der Sozial- und Geisteswissenschaften Berücksichtigung fanden. Insgesamt ergab sich ein Gesamtsample von 2007 Adressen, von denen 60 nicht zugestellt werden konnten[35]. Damit umfasst das bereinigte Gesamtsample 1947 Kontakte, wobei zu beachten ist, dass lediglich 30% der Adressen von bulgarischen Wissenschaftlern stammen (vgl. Tab. 2).

Eingeladene Wissenschaftler nach Land und Disziplin					
	Deutschland		Bulgarien		
	Europa-Universität Viadrina	Humboldt Universität	St. Kliment Ohridski Universität	Neue Bulgarische Universität	Gesamt
Sozialwissenschaften	146 72,64%	366 31,67%	41 13,67%	77 27,02%	630 32,36%
Geisteswissenschaften	55 27,36%	795 68,48%	259 86,33%	208 72,98%	1317 67,64%
Gesamt	201 10,32%	1161 59,63%	300 15,41%	285 14,64%	1947 100,00%

Tab. 2: Aufschlüsselung der Stichprobe

Für diese Stichprobe ist zu beachten, dass sie keine Repräsentativität für alle Wissenschaftler in Deutschland und Bulgarien beanspruchen kann. Auf den Internetseiten der jeweiligen Institute wird es sehr unterschiedlich gehandhabt, bis zu welchem Status die einzelnen Personen bzw. Kontaktdaten ausgewiesen werden. Insbesondere kann von einer Unterrepräsentation der bulgarischen Doktoranden ausgegangen werden. Zudem ist eine Verzerrung durch die Auswahl der Universitäten möglich, da jede einzelne bereits von der Grundausrichtung differenzierte Strategien hinsichtlich der Internationalisierung verfolgt (z.B. die Viadrina als ausgewiesene Europa-Universität). Dies kann sich zumindest teilweise auf das Handeln der Wissenschaftler hinsichtlich der persönlichen, internationalen Wissenschaftskommunikation auswirken.

[35] Das heißt, beim Versenden der Einladungsmail erhielt die Verfasserin bei den genannten Adressen eine Fehlermeldung.

5.3 Untersuchungsdesign

Anschreiben

Alle ausgewählten Wissenschaftler erhielten per E-Mail ein personalisiertes Einladungsschreiben, inklusive eines individuellen Link zur Umfrage (vgl. auch Anhang 9.1). Mit dem Link konnte sichergestellt werden, dass nur eingeladene Wissenschaftler an der Umfrage teilnehmen. Die personalisierte Einladung sollte den Eingeladenen zudem das Gefühl vermitteln, dass Ihre eigene Meinung bzw. Teilnahme wichtig ist.

Das Anschreiben wurde für die deutschen Wissenschaftler in Deutsch und für die bulgarischen Wissenschaftler in Bulgarisch verfasst[36]. Auf ein englisches Anschreiben wurde im letztgenannten Fall verzichtet, da es in der Vergangenheit in Bulgarien vermehrt Probleme mit englischen E-Mails gab, welche Trojaner oder Viren enthielten. Daher konnte mit dieser Umsetzung sichergestellt werden, dass alle Angeschriebenen ohne Bedenken die E-Mail öffnen. Die Einladungen wurden mit Hilfe der Onlineumfrage-Software am 4. Juli 2011 versandt und enthielten die folgenden Angaben: Durchführungsgrund, Thema, Hinweis zur Anonymität, Zeitaufwand, verfügbare Sprachen, Internetlink zur Teilnahme, Endzeitpunkt, Kontaktdaten der Verfasserin.

Aufbau der Umfrage

Mit dem Klick auf den personalisierten Umfragelink in der Einladungs-Mail gelangte der User zum Fragebogen, welcher auf einer gesonderten Website zur Verfügung stand (vgl. Anhang 9.2). Die Umfrage wurde für die Teilnehmer in Deutsch und Englisch zur Verfügung gestellt. Eine komplett bulgarische Umfrage anzubieten (und letztlich auch auszuwerten), war aufgrund mangelnder Sprachkapazitäten schwer umsetzbar. Da die Umfrage aber den internationalen Kontakt zu Wissenschaftskollegen thematisiert, war insbesondere bei der bulgarischen Stichprobe anzunehmen, dass Fremdsprachen für die Wissenschaftskommunikation gesprochen werden. Zudem standen mit Englisch und Deutsch

[36] Nähere Erläuterungen zur Auswahl der Umfragesprachen siehe Punkt "Aufbau der Umfrage" im gleichen Kapitel.

© Frank & Timme Verlag für wissenschaftliche Literatur

die zwei Fremdsprachen zur Verfügung, welche bulgarische User im Internet neben Bulgarisch am häufigsten lesen und schreiben. [vgl. European Comission (2011), S. 48] Jedoch ist durch diese Umsetzung nicht auszuschließen, dass teilnahmebereite Wissenschaftler aufgrund von Sprachbarrieren ausgeschlossen wurden.

Zu Beginn der Umfrage erschien unmittelbar nach der Sprachauswahl ein einleitender Text mit Instruktionen zur Teilnahme, welcher nochmals kurz das Thema nannte, sowie auf die anonyme Verwendung der Daten und die Kontaktmöglichkeit verwies. Es folgten größtenteils geschlossene Fragen, um präzise Antworten zu erhalten. Halboffene Fragen kamen dann zum Einsatz, wenn den Befragten eine zusätzliche Antwortmöglichkeit gegeben werden sollte. Die verwendeten offenen Fragen dienten lediglich der Auflockerung bzw. waren nötig, um Antworteinschränkungen beim Befragten durch eine vorgegebene Kategorisierung zu vermeiden.

Inhaltlich erfolgte die Einteilung der Umfrage in fünf Frageblöcke, welche folgende Themenbereiche umfassten:

- allgemeine Internetnutzung
- Relevanz und Existenz von internationalen Kontakten für die wissenschaftliche Arbeit
- (Nicht-)Nutzung von Communities für die wissenschaftliche Arbeit inkl. Vorteile, Gründe für die (Nicht-)Nutzung und Auswirkungen
- (Nicht-)Nutzung von wissenschaftlichen Weblogs für die wissenschaftliche Arbeit inkl. Vorteile, Gründe für die (Nicht-)Nutzung und Auswirkungen
- Sozialstatistische Daten

Im Umfrageverlauf erschien jede Frage auf einer gesonderten Seite, wobei es den Befragten möglich war, mit Hilfe eines Zurück-Buttons zu bereits beantworteten Fragen zurückzukehren.

Technische Umsetzung und Pretest

Die technische Umsetzung der Online-Befragung erfolgte in der Software *Enterprise Feedback Suite (EFS)* von *Unipark*, welche alle Anforderungen an eine professionelle Befragungs-Software bot. So konnten Filterungen, Plausibilitätschecks und personalisierte Einladungen direkt aus der Software heraus genutzt werden.

Um die ungefähre Ausfülldauer und die Verständlichkeit der Fragen zu testen, wurde ein Pretest mit sechs Personen durchgeführt, von denen die Hälfte selbst Wissenschaftler sind und die andere Hälfte zumindest im wissenschaftlichen Bereich tätig ist. Erkenntnisse des Pretests flossen zur Optimierung in das Fragebogendesign mit ein. [vgl. Diekmann (2007), S. 415; Hollaus (2007), S. 86]

Durchführung und Datenauswertung

Die Umfrage stand allen eingeladenen Teilnehmern vom 4. bis 25. Juli 2011 online zur Verfügung. Im Befragungszeitraum beendeten 290 Teilnehmer die Umfrage, was einer Rücklaufquote von 14,9% entspricht. Für die Datenauswertung wurden jedoch 13 Fälle ausgeblendet, da diese entweder nicht in Deutschland bzw. Bulgarien arbeiten oder aus anderen Disziplinen als den Sozial- und Geisteswissenschaften stammen. Somit erfolgte die Datenanalyse mit 277 Fällen[37]. Durchgeführt wurde diese mit dem Statistikprogramm SPSS, wobei für die Darstellung der Diagramme MS Excel zum Einsatz kam. Da mit den erhobenen Daten bestimmte Nutzungsweisen und Eigenschaften der befragten Wissenschaftler ausfindig gemacht werden sollen, handelt es sich im Folgenden um eine deskriptive Ergebnisauswertung. [vgl. Raab-Steiner, Benesch (2010), S. 11]

[37] Dadurch verringert sich die Rücklaufquote hinsichtlich der betrachteten Fälle auf 14,3%.

© Frank & Timme Verlag für wissenschaftliche Literatur

6 Ergebnisse

Die Ergebnisdarstellung beinhaltet neben der allgemeinen Auswertung die spezielle Betrachtung der Disziplinen (Sozialwissenschaften vs. Geisteswissenschaften) und des Arbeitsortes (Deutschland vs. Bulgarien), da diese zur Beantwortung der speziellen Hypothesen dienen sollen. Darüber hinaus ermöglichen die erhobenen Daten detaillierte Auswertungen zu allen Fragestellungen getrennt nach Geschlecht, Alter oder dem jeweiligen Status im Wissenschaftssystem. Aus forschungsökonomischen Gründen werden die letztgenannten Auswertungsmöglichkeiten im Rahmen dieser Arbeit nicht weiter betrachtet.

6.1 Qualität der Untersuchung

Wie oben bereits erwähnt, betrug die Rücklaufquote nach der Fallbereinigung 14,3%, wobei sich im Disziplinenvergleich nur leichte Unterschiede im Antwortverhalten ergeben. Die Geisteswissenschaftler antworteten mit 14,7% anderthalb Prozentpunkte öfter, als die Sozialwissenschaftler (13,2%). Stärkere Unterschiede macht der Ländervergleich deutlich. Mit einer Rücklaufquote von 17,4% weist die bulgarische Befragungsgruppe ca. 4,5% mehr Teilnehmer auf, als die Deutsche (vgl. Tab. 3). Daraus könnten sich leichte Verzerrungen in den Resultaten ergeben, was im Folgenden beachtet werden muss.

Rücklaufquote nach Arbeitsort und Disziplin			
	Arbeitsort		
Disziplin	Deutschland	Bulgarien	Gesamt
Geisteswissenschaften	114	80	194
	13,4%	17,2%	14,7%
Sozialwissenschaften	62	21	83
	12,1%	18,3%	13,2%
Gesamt	176	101	277
	12,9%	17,4%	14,3%

Tab. 3: Rücklaufquote nach Arbeitsort und Disziplin

Verzerrungen könnten zudem hinsichtlich der Geschlechterverteilung entstehen. Der Männeranteil der Teilnehmer ist etwas höher (ca. 55%), in Relation zum Anteil der eingeladenen männlichen Wissenschaftler (ca. 52%), wobei die Geschlechterverhältnisse der Befragten zwischen den Ländern ungefähr gleich sind. Jedoch weist die deutsche Teilnehmergruppe in den Disziplinen stark abweichende Werte auf. Bei den Sozialwissenschaftlern sind 71% der Teilnehmer Männer, der Anteil der eingeladenen männlichen Wissenschaftler belief sich aber nur auf rund 60%. Hingegen weisen die Geisteswissenschaften einen erhöhten Frauenanteil auf (53,5%), obwohl die Geschlechterverteilung der deutschen Geisteswissenschaftler die der Gesamtstichprobe gleich kommt.

Die deutlichsten Unterschiede ergeben sich jedoch im Durchschnittsalter der Befragten (vgl. Tab. 4). Einerseits sind die deutschen Sozialwissenschaftler im Durchschnitt über fünf Jahre jünger als die deutschen Geisteswissenschaftler. Andererseits liegt der Altersdurchschnitt der bulgarischen Teilnehmer bei 48,1 Jahren, wodurch sie über acht Jahre älter sind als ihre deutschen Kollegen (39,7 Jahre).

Arbeitsort		Disziplin	Mittelwert des Alters	N	Standard-abweichung
Deutschland		Geisteswissenschaften	41,62	113	11,094
		Sozialwissenschaften	36,17	60	9,417
	Gesamt		39,73	173	10,832
Bulgarien		Geisteswissenschaften	48,25	79	10,054
		Sozialwissenschaften	47,43	21	11,487
	Gesamt		48,08	100	10,316

Tab. 4: Alter der Befragten nach Arbeitsort und Disziplin

Geht man davon aus, dass mit steigendem Alter ein höherer Status im Wissenschaftssystem einhergeht, lassen sich starke Korrelationen zwischen diesen beiden Eigenschaften feststellen. Wie aus Abbildung 5 hervorgeht, macht der Anteil von Habilitanden und Habilitierten in Bulgarien in beiden Disziplinen den Hauptteil der Teilnehmer aus (im Länderschnitt über 80%), wohingegen sich nur 40% der deutschen Befragten in der gleichen Gruppe befinden. Damit ließe sich der höhere Altersdurchschnitt unter den bulgarischen Teilnehmer erklären.

Jedoch erreicht die angewendete Stichprobenziehung unter den bulgarischen Wissenschaftlern kaum Doktoranden (lediglich drei), im Gegensatz zu den deutschen Wissenschaftlern (62 Doktoranden). Zusätzlich wird bei näherer Betrachtung ersichtlich, dass unter den deutschen Sozialwissenschaftlern Doktoranden

© Frank & Timme Verlag für wissenschaftliche Literatur

42% der gesamten Teilnehmergruppe ausmachen. Das ist ein weiterer Indikator dafür, warum die deutschen Befragten, und darunter insbesondere die Sozialwissenschaftler, ein wesentlich niedrigeres Durchschnittsalter vorweisen, als die bulgarischen Teilnehmer.

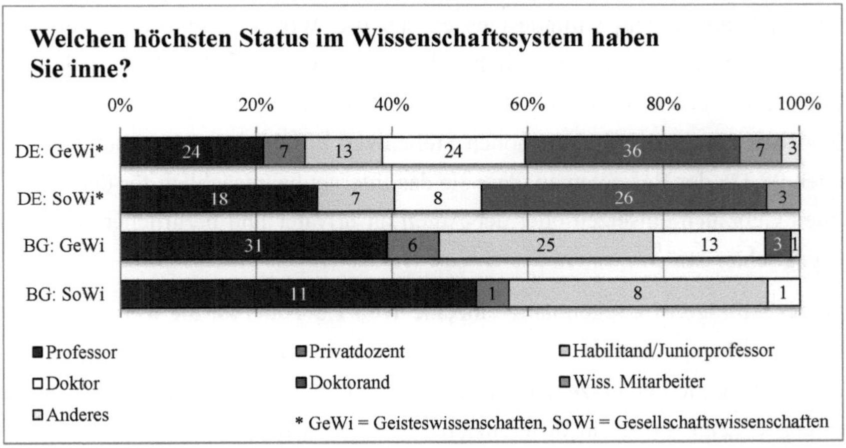

Abb. 5: Status im Wissenschaftssystem nach Disziplin

Da insbesondere in den Fragebereichen, welche die Forschungsfrage beantworten sollen, nur eine recht geringe Fallzahl vorliegt (da ein großer Anteil der Befragten keine Communities bzw. Weblogs nutzt), werden im folgenden Verlauf alle Statusgruppen gemeinsam betrachtet. Da die Möglichkeit besteht, dass die Gruppe der Doktoranden aufgrund des generellen jungen Durchschnittsalters und der starken Dominanz unter den deutschen Befragten verzerrend auf die Stichprobe wirkt, wurden in der Auswertungsphase alle Ergebnisse nochmals unter Ausschluss der Doktorandengruppe getestet, wobei signifikant[38] abweichende Werte im Folgenden Erwähnung finden.

[38] Um signifikante Unterschiede zu identifizieren wurde der Chi-Quadrat-Test nach Pearson angewandt und das Signifikanzniveau Alpha auf ,050 festgelegt. [vgl. Raab-Steiner, Benesch (2010), S. 111]

6.1.1 Allgemeine Internetnutzung

Die Frage nach der allgemeinen Internetnutzung macht die starke Relevanz des Internets für die befragten Wissenschaftler deutlich. 95,4% der deutschen und 89,9% der bulgarischen Wissenschaftler nutzen täglich das Internet, die restlichen Teilnehmer gehen mindestens einmal pro Woche online. Sozialwissenschaftler sind hierbei in der täglichen Nutzung etwas aktiver (96,3%), als ihre Kollegen aus den Geisteswissenschaften (92,1%). Die Nutzung des Internets für die Arbeit nimmt dabei einen hohen Stellenwert ein. In der Gesamtbetrachtung gaben 98,1% der Befragten an, dass sie das Internet hauptsächlich für den beruflichen Gebrauch einsetzen oder der Anteil an privater und beruflicher Nutzung ausgeglichen ist.

Mit der Abfrage, wie regelmäßig einzelne Web 1.0-Tools für die wissenschaftliche Arbeit zum Einsatz kommen, sollte die Durchdringung verschiedener Anwendungen in den einzelnen Disziplinen und Ländern gemessen werden. Abbildung 6 zeigt dabei ein differenziertes Bild, was bereits in anderen Studien deutlich wurde (vgl. Kapitel 2.5.3). Für die wissenschaftliche Arbeit konnte sich unter den Befragten die E-Mail flächendeckend und mit großem Abstand durchsetzen. Alle Befragten nutzen die digitale Post mindestens einmal pro Woche, lediglich 3,8 % der bulgarischen Geisteswissenschaftler gaben an, E-Mails seltener zu konsultieren.

Auch E-Papers und Diskussions-/Mailinglisten werden wöchentlich von mindestens der Hälfte bis zu zwei Dritteln der Befragten gelesen. Deutlich abgeschlagen sind hingegen Web-Konferenz-Tools, welche von weniger als 10% der Wissenschaftler mindestens wöchentlich genutzt werden und mit fast 48% auf die größte "Nicht-Nutzer-Rate" aller abgefragten Web 1.0-Tools verweist.

Signifikante Länder- bzw. Disziplinen-Unterschiede ergaben sich an dieser Stelle lediglich bei der Rezeption von E-Papers und der Kommunikation via Chat. Bei ersterem wird insbesondere im Ländervergleich deutlich, dass digitale Publikationen unter den bulgarischen Befragten wesentlich verbreiteter sind (nur 2,1% nutzen diese Möglichkeit gar nicht, im Gegensatz zu 13,4% der Deutschen) und regelmäßiger rezipiert werden. 77,3% der bulgarischen Wissenschaftler lesen E-Papers mindestens wöchentlich, im Gegensatz zu 62,2% ihrer

 © Frank & Timme Verlag für wissenschaftliche Literatur

deutschen Kollegen. Werden Doktoranden aus dieser Betrachtung ausgeschlossen, erweisen sich diese Unterschiede als signifikant, wobei im Disziplinenvergleich keine deutlichen Tendenzen ausgemacht werden können. Lediglich die Gruppe der Nicht-Nutzer ist unter den Sozialwissenschaftlern mit 16,2% wesentlich höher, als unter den Geisteswissenschaftlern (6,1%).

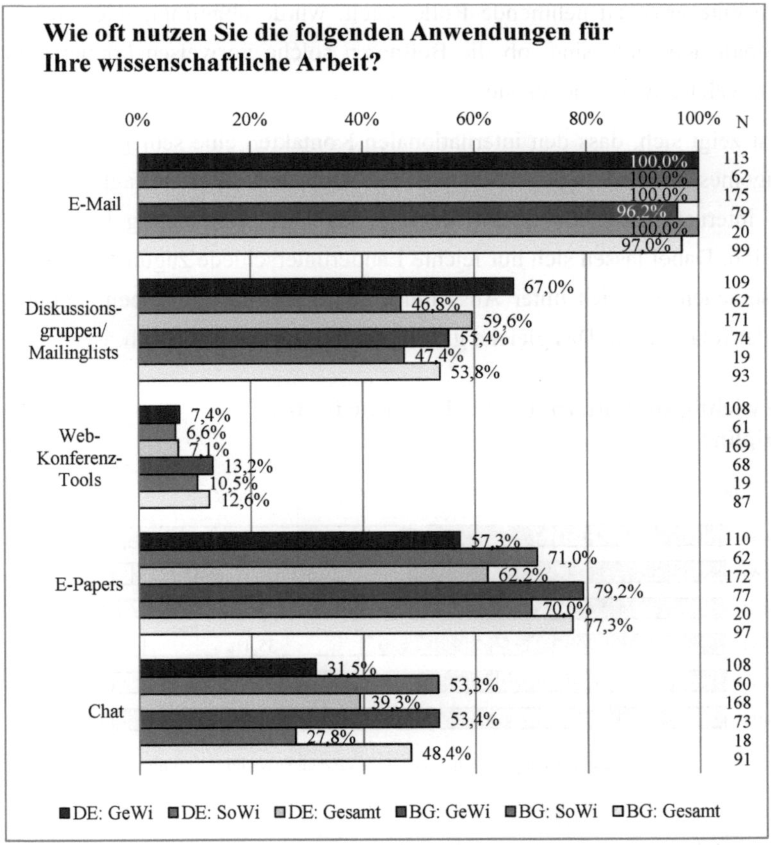

Abb. 6: Nutzungshäufigkeit verschiedener Web 1.0-Tools

Zuletzt zeigen sich abermals unter Ausschluss der Doktoranden bei der Chatnutzung signifikante Unterschiede zwischen den deutschen und den bulgarischen Befragten. Die bulgarischen Teilnehmer können nicht nur auf eine höhere, mindestens wöchentliche Nutzungsquote verweisen (48,4% in Bulgarien vs. 39,3%

in Deutschland). Bei ihnen ist auch die Rate der Nicht-Nutzer mit 18,4% wesentlich geringer, als bei ihren deutschen Kollegen (46,7%).

6.1.2 Relevanz internationaler Kontakte

Um herauszufinden, ob Internationalität in der wissenschaftlichen Arbeit der Befragten eine ernst zu nehmende Rolle spielt, wurde abgefragt, wie wichtig internationale Kontakte sind, ob die Befragten solche vorweisen können und falls ja, in welche Weltregionen sie diese pflegen.

Insgesamt zeigt sich, dass den internationalen Kontakten eine sehr große Relevanz beigemessen wird (vgl. Abbildung 7). Knapp 90% aller Befragten gaben an, dass internationale Kontakte in der eigenen Disziplin wichtig bzw. sehr wichtig sind. Dabei lassen sich nur leichte Länderunterschiede zugunsten Bulgariens ausmachen, die sich unter Ausschluss der Doktorandengruppen größtenteils wieder relativieren. Das gleiche gilt für den Disziplinenvergleich.

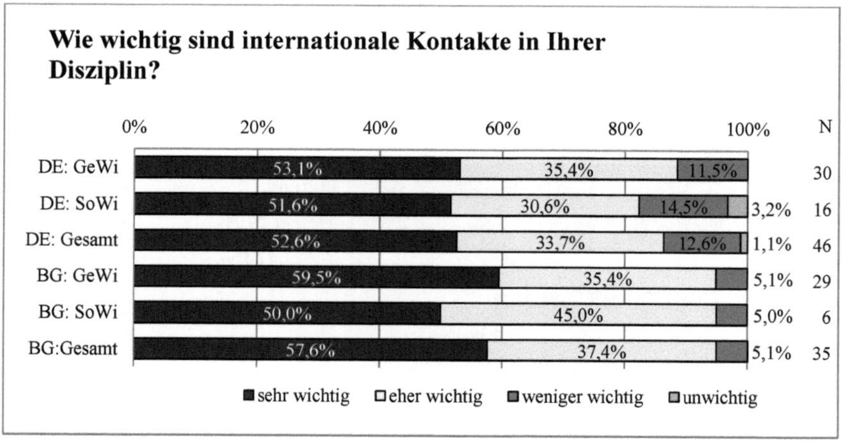

Abb. 7: Wichtigkeit von internationalen Kontakten

Diese Relevanz kommt gleichzeitig in der Frage zum Ausdruck, ob die Befragten auf internationale Kontakte verweisen können. Insgesamt stimmen dieser Aussage 94,8% aller Teilnehmer zu, wobei wiederum nur geringe Länderunterschiede auszumachen sind. Eine signifikante Differenz im Disziplinenvergleich ergibt sich lediglich, wenn die Doktorandengruppe bei der Analyse ausge-

 © Frank & Timme Verlag für wissenschaftliche Literatur

schlossen wird. In diesem Fall verdeutlichen die Ergebnisse, dass mit 96,8% signifikant mehr Geisteswissenschaftler auf internationale Kontakte verweisen können, als Sozialwissenschaftler (89,5%). Obwohl Sozialwissenschaftler seltener über internationale Kontakte verfügen, sind die vorhandenen Verbindungen breiter gestreut als die der Geisteswissenschaftler. Dies verdeutlicht die Frage, in welche Regionen die Teilnehmer internationale Kontakte pflegen (vgl. Abbildung 8).

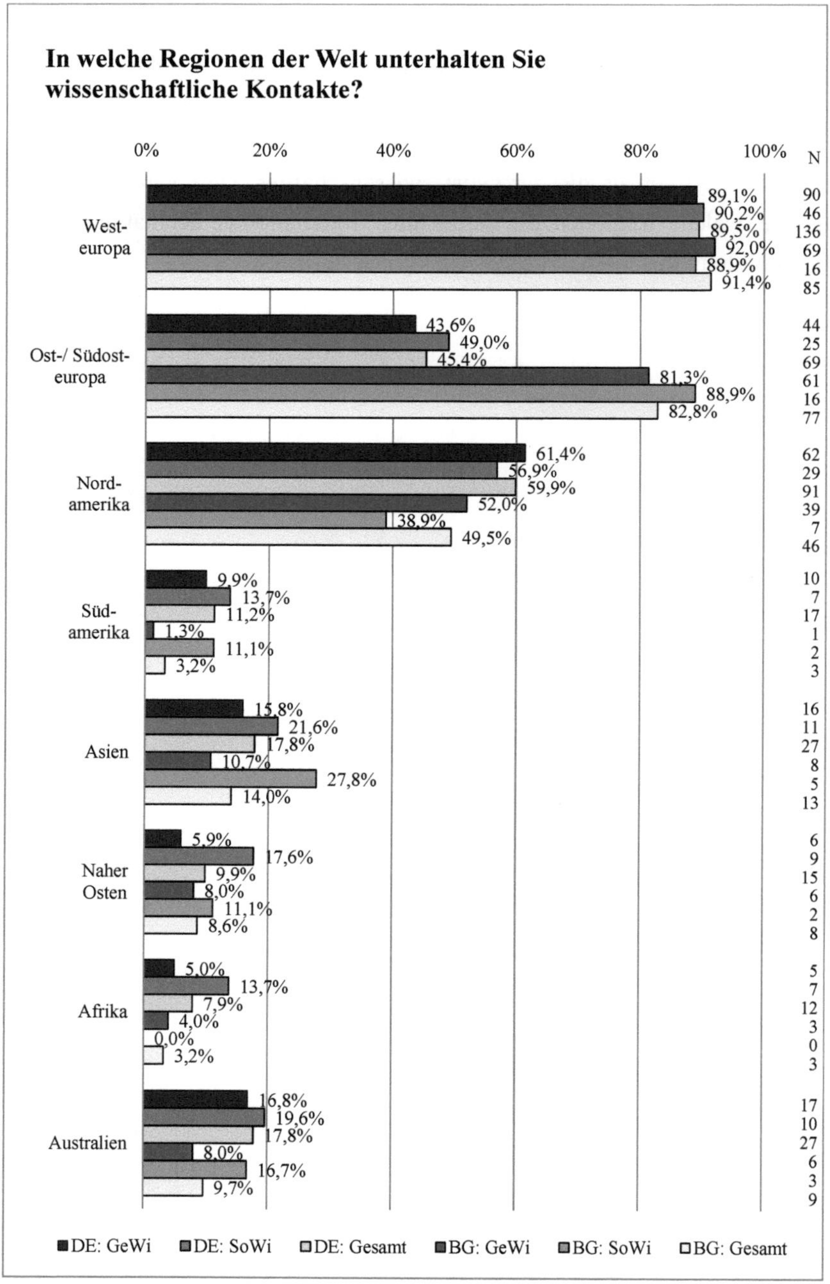

Abb. 8: Verteilung der internationalen Kontakte auf die Regionen der Welt

© Frank & Timme Verlag für wissenschaftliche Literatur

Gleichzeitig wird in diesem Zusammenhang auch die Dominanz Westeuropas und in Teilen auch Nordamerikas deutlich. Auf westeuropäische Kontakte verweisen mit ca. 90% sowohl eine große Mehrheit der Bulgaren, als auch eine Mehrzahl der Deutschen. Somit pflegen die Erstgenannten mehr Kontakte in die weiter entfernten westeuropäischen Länder (Griechenland stellt hier eine Ausnahme dar), als zu den angrenzenden Nachbarstaaten bzw. den ehemaligen Ostblockstaaten (83% aller befragten Bulgaren). Mit 45% der deutschen Wissenschaftler gab zwar ein nicht unbeachtlicher Anteil an, wissenschaftliche Kontakte nach Ost- und Südosteuropa zu pflegen, jedoch zeigt die Differenz mit den bulgarischen Kollegen, dass dieser Region im Vergleich zu Westeuropa eine wesentlich geringere Relevanz zukommt.

Trotz der großen Entfernung spielt Nordamerika für die internationale Vernetzung der Befragten eine beachtliche Rolle. Knapp 60% der Deutschen und 50% der Bulgaren gaben an, in diese Region Kontakte zu pflegen. Hingegen erweisen sich die restlichen Regionen der Welt als eher unbedeutend.

Letztlich wurde durch den Fragebogen erhoben, welche Rolle klassische Kommunikationsmittel der informellen Wissenschaftskommunikation für die Teilnehmer spielen. Internationale Konferenzbesuche sind nach wie vor von Relevanz, da die Befragten durchschnittlich an 2,65[39] länderübergreifenden Konferenzen teilnehmen. Unter Ausschluss der Doktorandengruppe ergibt sich im Ländervergleich eine signifikante Differenz. Diese macht deutlich, dass die deutschen Befragten mit durchschnittlich 3,17 internationalen Konferenzbesuchen pro Jahr annähernd einmal mehr mit ausländischen Kollegen zusammentreffen, als bulgarische Wissenschaftler (2,26 Besuche pro Jahr; vgl. Tab. 5). Merkliche Disziplinen-Unterschiede sind in diesem Zusammenhang nicht auszumachen.

---

[39] Unter Einbeziehung der Doktorandengruppe ist die durchschnittliche Teilnahme an internationalen Konferenzen geringer. Diese Differenz lässt sich damit erklären, dass Doktoranden meist erst seit kurzer Zeit im Wissenschaftssystem tätig sind und in der Regel noch nicht so oft Forschungsergebnisse auf Konferenzen vorstellen oder auch nur passiv daran teilnehmen, wie ihre etablierten Kollegen.

Internationale Konferenzbesuche pro Jahr (ohne Doktoranden)						
Arbeitsort	Mittel-wert	N	Standard-abweichung	Median	Min.	Max.
Deutschland	3,17	107	2,665	3,00	0	15
Bulgarien	2,26	90	1,223	2,00	1	6
Insgesamt	2,75	197	2,175	2,00	0	15
Chi-Quadrat nach Pearson			0,047			

Tab. 5: Internationale Konferenzbesuche im Ländervergleich

Persönliche Besuche bei internationalen Kollegen sind bei den befragten Wissenschaftlern eher eine Ausnahme. Anzunehmen ist, dass der Reise- und Kostenaufwand einen Großteil der befragten Wissenschaftler (78,5%) veranlasst, internationale Kollegen nur weniger als einmal im Monat zu besuchen. 13,3% der Teilnehmer gaben sogar an, nie persönliche Besuche abzustatten. Zudem scheinen Briefe und Faxe immer mehr an Bedeutung zu verlieren. 31,3% der teilnehmenden Wissenschaftler verzichten komplett auf diese Kommunikationsmittel für die internationale, informelle Wissenschaftskommunikation, 52,2% verfassen seltener als einmal im Monat einen Brief bzw. ein Fax. Selbst das Telefon, welches eine schnelle und vor allem kostengünstige Kommunikation ermöglicht, wird für den internationalen Kontakt nur von 12,4% der Teilnehmer mindestens einmal wöchentlich genutzt. Verglichen mit der E-Mail, die im gleichen Zeitraum bei 68,1% der Befragten für den Kontakt mit ausländischen Kollegen zum Einsatz kommt, zeigt sich deutlich die veränderte Mediennutzung der zugehörigen Wissenschaftler aus den untersuchten Disziplinen und Ländern[40].

6.1.3 Nutzung von Social Networking Sites

Hinsichtlich der Nutzung von *Social Networking Sites* zeigt sich trotz des jungen Phänomens eine nicht zu unterschätzende Durchdringung. Insgesamt sind über ein Drittel der Befragten bei Communities angemeldet, um diese für ihre wissenschaftliche Arbeit zu nutzen. Der Ländervergleich verdeutlicht jedoch, dass

[40] Im Länder- und Disziplinen-Vergleich ergaben sich bezüglich der klassischen, wissenschaftlichen Kommunikationsmittel keine signifikanten Differenzen.

 © Frank & Timme Verlag für wissenschaftliche Literatur

Bulgarien auf eine höhere Nutzerrate (39,9%) als Deutschland (32,7%) verweisen kann. Diese Differenz wird unter Ausschluss der Doktorandengruppe noch deutlicher, da in diesem Fall die Teilnahmequote in Deutschland lediglich 26,6% beträgt (Bulgarien 39,6%).

Ein ähnliches Bild ergibt sich beim Disziplinenvergleich. In der Betrachtung aller Befragten liegen die Sozialwissenschaften nur knapp hinter den Geisteswissenschaften (34,3% vs. 35,8%). Lässt man die Doktoranden unbeachtet, sinkt die SNS-Nutzung bei den Sozialwissenschaftlern jedoch auf 25,5%, das heißt knapp 10% mehr Geisteswissenschaftler nutzen Communities für ihre Arbeit.

Von den Community-Nutzern gaben wiederum mehr als 80% der bulgarischen und gut 78% der deutschen Befragten an, sich mindestens einmal pro Woche einzuloggen. Auffallend ist wiederum der Disziplinenvergleich unter Ausschluss der Doktoranden. Sowohl in Bulgarien, als auch in Deutschland gaben nur 57,14% der befragten Sozialwissenschaftler an, dass sie sich wöchentlich bei den Communities anmelden, wodurch sie 20 bis 30 Prozentpunkte hinter ihren Landsleuten der Geisteswissenschaften zurückliegen. Allgemein betrachtet kann festgestellt werden, dass angemeldete User Communities regelmäßig nutzen.

Welche Communities nutzen Sie für Ihre wissenschaftliche Arbeit?

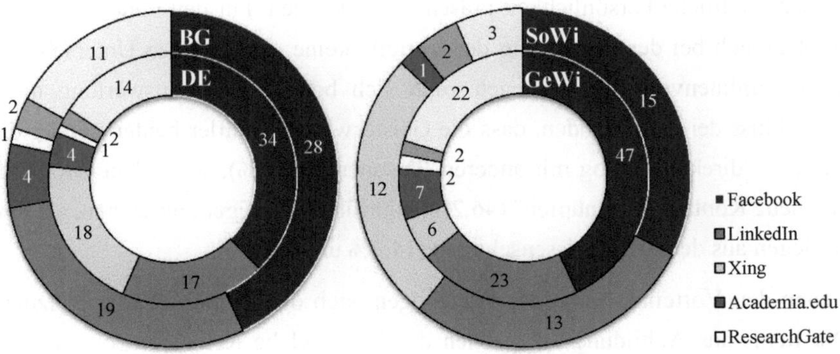

N: DE= 49, BG= 37, GeWi= 61, SoWi= 25
(Mehrfachnennung war möglich)

Abb. 9: Die populärsten Communities unter den befragten Wissenschaftlern

Unter den verschiedenen Communities genießt *Facebook* mit Abstand das größte Ansehen im wissenschaftlichen Einsatz (über 70% aller Community-Nutzer sind dort angemeldet), dicht gefolgt von den beiden beruflichen SNS *LinkedIn* (51% der Bulgaren, 35% der Deutschen) und *Xing* (37% der Deutschen). Bei der letztgenannten Community wird aufgrund des ausschließlichen Aufkommens unter den deutschen Befragten deutlich, dass *Xing* im internationalen Kontext maximal punktuell von Bedeutung ist. Bisher kaum etablieren konnten sich unter den Teilnehmern reine wissenschaftliche *Social Networking Sites.* Mit *Academia.edu* und *ResearchGate* gibt es nur zwei Plattformen, die bei der hier angewandten offenen Frage mindestens zwei Mal genannt wurden. Jedoch zeigt der Disziplinenvergleich, dass Geisteswissenschaftler öfters auf kleine Fach-Communities zurückgreifen (zusammengefasst in der Rubrik *Sonstiges*). Hingegen sind für die Sozialwissenschaftler Business-Communities wie *LinkedIn* und *Xing* von stärkerer Bedeutung (vgl. Abbildung 9).

Die von den SNS-Nutzern meistgenannten Vorteile sind "die Möglichkeit mit weit entfernten Personen kommunizieren zu können" (75,0%) sowie die "vielfältigen Interaktionsmöglichkeiten" (63,6%). Ebenfalls von Bedeutung sind die "Möglichkeiten, neue Kontakte zu knüpfen" (46,6%) und einen "unmittelbaren Dialog mit anderen Personen zu führen" (51,1%). Für fast die Hälfte der deutschen Befragten ist zudem von Relevanz, dass Sie in Communities die "eigene wissenschaftliche Persönlichkeit präsentieren" können. Für den Ländervergleich ergeben sich bei der Benennung der Vorteile keine signifikanten Unterschiede. Im Disziplinenvergleich hingegen zeigt sich bei der Datenauswertung unter Ausschluss der Doktoranden, dass die Geisteswissenschaftler beider Länder die Vorteile "direkter Dialog mit anderen Personen" (51,9%), sowie "die Möglichkeit neue Kontakte zu knüpfen" (46,2%) signifikant häufiger ankreuzten, als ihre Kollegen aus den Sozialwissenschaften (14,3% und 28,6%).

Neben den Vorteilen erhob der Fragebogen auch die Gründe für die Nutzung. Die Items aus Abbildung 10 machen deutlich, welche Relevanz Communities für den Kontakt mit internationalen Kollegen haben.

68,8% aller Teilnehmer stimmten zu, dass sie SNS zum Knüpfen internationaler Kontakte nutzen, etwas geringer war die Zustimmung hinsichtlich des Knüpfens

© Frank & Timme Verlag für wissenschaftliche Literatur

nationaler Kontakte (63,0%). Eine deutlichere Differenz ergibt sich mit den Kooperations-Items. 75,6% der Befragten sehen durch Communities die Chance, mit weit entfernten Kollegen kooperativ arbeiten zu können. Hinsichtlich der Kooperation mit Kollegen des eigenen Instituts äußerten sich lediglich 35,5% der Teilnehmer zustimmend. Obwohl die ersten beiden beschriebenen Items nur eine geringe Differenz aufweisen (die zustande kommen kann, da nationale Kollegen teilweise auch recht weit entfernt arbeiten können), zeigen die zwei letzten doch recht deutlich, wie förderlich Communities gerade für internationale Kooperationen sein können.

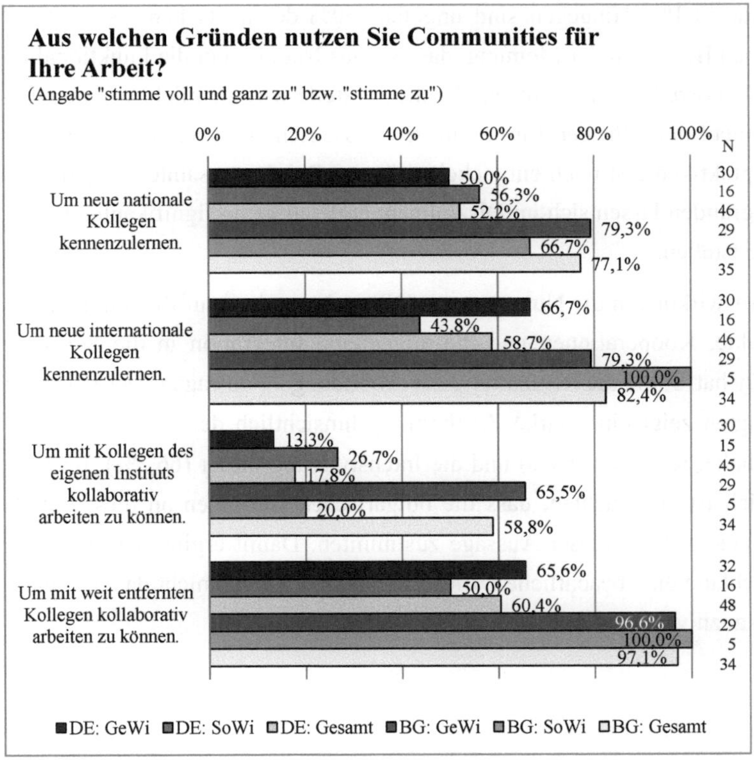

Abb. 10: Gründe für die Community-Nutzung

Der Ländervergleich verdeutlicht hingegen, dass die Bulgaren wesentlich häufiger *Social Networking Sites* für die internationale Wissenschaftskommunikation einsetzen. Bei den ersten zwei Nutzungsgründen ist die Zustimmungsrate unter den bulgarischen Teilnehmern durchschnittlich 15% höher als bei den Deutschen. Hinsichtlich der Kooperationen stimmen die bulgarischen Wissenschaftler bis zu 41 Prozentpunkte öfter zu als die deutschen Kollegen. Lässt man an dieser Stelle die Doktoranden unter den Teilnehmern außer Acht, bewerten die befragten Bulgaren alle vier Items signifikant positiver.

Der gleiche Effekt ist bei der Bewertung festzustellen, ob Wissenschaftler Communities nutzen (können), um relevante Informationen zu ihrem Forschungsbereich ausfindig zu machen. In Bulgarien stimmten 74,2% der Befragten dieser Aussage zu, in Deutschland betrug die positive Bewertung der Teilnehmer nur 51,1%. Hingegen sind ungefähr 50% der deutschen als auch der bulgarischen Befragten der Meinung, dass sie aus Neugier um die Funktionalitäten *Social Networking Sites* nutzen. An dieser Stelle wird deutlich, wie neu dieses Instrument noch für den Einsatz in der Wissenschaft ist und dass sich feste Nutzungspraktiken erst noch entwickeln müssen. Bei den gesamten abgefragten Nutzungsgründen lassen sich im Disziplinenvergleich keine signifikanten Unterschiede feststellen.

Welche Auswirkungen die Nutzung von SNS insbesondere auf die internationalen Kontakte, Kooperationen und die allgemeine Integration in die *Scientific Community* hat, sollte die Itembatterie aus Abbildung 11 abfragen. Der Blick auf alle Befragten zeigt eine starke Zustimmung hinsichtlich der Vermehrung der internationalen Kontakte (69%) und die Intensivierung dieser (66,3%). Im Ländervergleich ist zu beachten, dass die bulgarischen Befragten an dieser Stelle sogar jeweils zu 80% dieser Aussage zustimmten. Damit ergibt sich in Bezug auf Deutschland eine beachtliche Differenz, die jedoch noch nicht das festgelegte Signifikanzniveau erreicht.

© Frank & Timme Verlag für wissenschaftliche Literatur

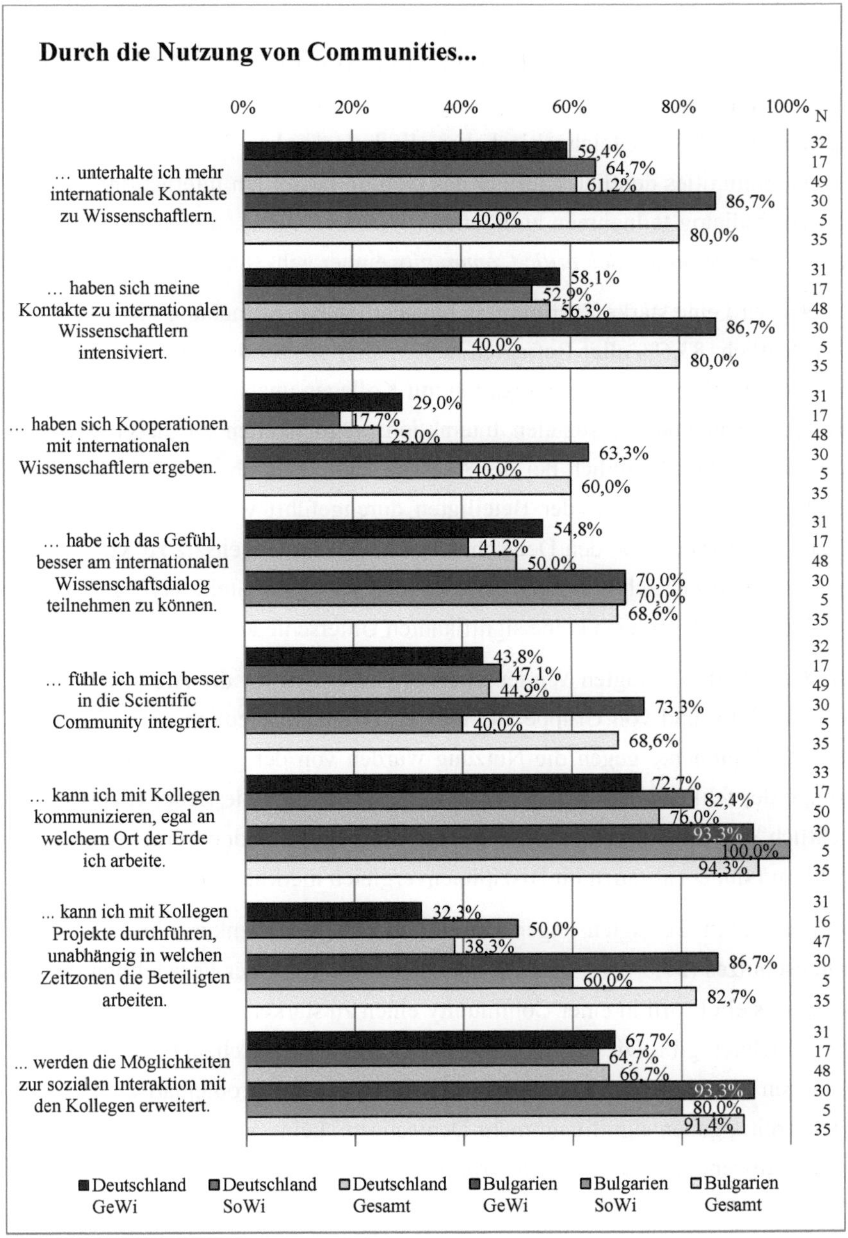

Abb. 11: Auswirkungen aufgrund der Nutzung von Communities

Ein ähnliches Bild ergibt die Aussage, ob durch die Nutzung von SNS internationale Kooperationen entstanden sind. Mit 60% der bulgarischen Befragten ist die Zustimmung in dieser Gruppe signifikant höher, als unter den deutschen Befragten (25%).[41] Gleichzeitig haben die bulgarischen Teilnehmer aufgrund von Communities deutlich häufiger das Gefühl, besser am internationalen Wissenschaftsdialog teilnehmen zu können (68,8% vs. 50%), was mit einer besseren Integration in die *Scientific Community* einher geht (68,8% vs. 44,9%).

Zuletzt wird eine starke Zustimmung hinsichtlich der Aufhebung von Raum und Zeit deutlich. 83,6% aller Befragten äußern sich positiv darüber, dass mit Hilfe von Communities die Kommunikation mit Kollegen unabhängig vom Arbeitsort erfolgen kann und die sozialen Interaktionsmöglichkeiten zu diesen erweitert werden (77,1%). Lediglich bei der Aussage, dass dadurch auch Projekte unabhängig von der Zeitzone der Beteiligten durchgeführt werden können, ist die Zustimmungsrate unter den Deutschen mit 38,3% im Gegensatz zu 82,7% unter den Bulgaren nur schwach ausgeprägt. Auch an dieser Stelle ergeben sich für den Disziplinenvergleich keine signifikanten Unterschiede.

Die Gründe der befragten Wissenschaftler keine SNS für die Arbeit zu nutzen, sind vielfältig und von Gruppe zu Gruppe von unterschiedlicher Relevanz. Als stärkste Argumente gegen die Nutzung wurden von der gesamten Teilnehmergruppe der fehlende Nutzen, der hohe Zeitaufwand und die Bedenklichkeit hinsichtlich des Datenschutzes genannt (vgl. Tabelle 6). Jedoch ergeben sich sowohl im Länder- als auch im Disziplinenvergleich merkliche Differenzen.

Die deutschen Befragten hegen wesentlich höhere Bedenken hinsichtlich des Datenschutzes (57,6% vs. 26,4%), was gleichzeitig mit der Feststellung einhergeht, dass ein Profil in einer Community einen zu starken Einblick in die eigene Persönlichkeit gibt. Dieser Meinung sind 49,5% der deutschen Teilnehmer, wohingegen nur 22,6% der Bulgaren diesen Punkt als problematisch ansehen. Gleichzeitig gaben signifikant mehr Deutsche an, keine Vorteile in der Nutzung dieser Anwendung zu sehen (55,6% der Deutschen vs. 37,7% der Bulgaren).

[41] Das Signifikanzniveau wird unter Ausschluss der Doktorandengruppe wiederum knapp verfehlt.

© Frank & Timme Verlag für wissenschaftliche Literatur

Dieses Antwortverhalten erklärt auch die zurückhaltende Nutzung von SNS von Seiten der deutschen Wissenschaftler. Auch im Disziplinenvergleich lassen die signifikanten Unterschiede Rückschlüsse auf die verminderte Teilnahme der Sozialwissenschaftler zu. Von diesen gaben 62,2% der Befragten an, dass sie keine Vorteile in der Nutzung von Communities sehen (vs. 42,3% bei den Geisteswissenschaftlern). Gleichzeitig beklagen die Sozialwissenschaftler öfter den erhöhten Zeitaufwand (55,6%), als ihre Kollegen (36,9%)[42] und meiden *Social Networking Sites* aufgrund von Sprachproblemen häufiger (11,1% vs. 0,9%).

Ort		Warum nutzen Sie keine Communities für Ihre wissenschaftliche Arbeit?								
		Nutzen nicht erkennbar	Hoher Zeitaufwand	Bedenken zum Datenschutz	Starker Einblick in die Persönlichkeit	kenne keine SNS für die Arbeit	Sprachprobleme	keine persönlichen Kontakte in SNS	Andere Gründe	N
DE	GeWi	34	21	41	34	33	0	6	5	66
		51,5%	31,8%	62,1%	51,5%	50,0%	0,0%	9,1%	7,6%	
	SoWi	21	19	16	15	10	2	2	2	33
		63,6%	57,6%	48,5%	45,5%	30,3%	6,1%	6,1%	6,1%	
	Gesamt	55	40	57	49	43	2	8	7	99
		55,6%	40,4%	57,6%	49,5%	43,4%	2,0%	8,1%	7,1%	
BG	GeWi	13	20	11	9	14	1	8	3	42
		31,0%	47,6%	26,2%	21,4%	33,3%	2,4%	19,0%	7,1%	
	SoWi	7	6	3	3	3	3	1	0	11
		63,6%	54,5%	27,3%	27,3%	27,3%	27,3%	9,1%	0,0%	
	Gesamt	20	26	14	12	17	4	9	3	53
		37,7%	49,1%	26,4%	22,6%	32,1%	7,5%	17,0%	5,7%	
Chi-Quadrat nach Pearson										
Ländervergleich		0,031	0,354	0,000	0,001	0,152	0,101	0,106	0,719	
Disziplinenvergleich		0,024	0,033	0,599	0,884	0,118	0,003	0,280	0,523	

Tab. 6: Gründe für die Nichtnutzung von SNS für die Arbeit

[42] Beide Items verfehlen nach Ausschluss der Doktorandengruppe jedoch wieder die Signifikanzgrenze.

6.1.4 Nutzung von Weblogs

Die Weblognutzung für die Wissenschaft ist stark abhängig vom jeweiligen Land und unter Umständen auch von der Disziplin. 20,3% der deutschen Befragten nutzen Weblogs für die eigene Arbeit, hingegen können die bulgarischen Wissenschaftler auf eine doppelt so hohe Nutzungsrate verweisen (40,9%). Ebenso heterogen ist die Verwendung unter den Disziplinen. Mit 32,4% rezipieren Geisteswissenschaftler signifikant öfter Weblogs als ihre Kollegen aus den Sozialwissenschaften (17,1%)[43].

Im Ländervergleich homogener erweist sich die Befragungsgruppe hinsichtlich der spezifischen Verwendung (vgl. Abbildung 12). Weder beim Lesen, Kommentieren noch beim eigenen Verfassen von Beiträgen ergeben sich bedeutende Unterschiede. Wie sich bereits in zahlreichen allgemeinen Studien zur Weblognutzung gezeigt hat (vgl. Kapitel 3.5.3), nimmt mit zunehmender Eigeninitiative die Nutzungsquote stark ab. Sind es in der Gesamtbetrachtung 78,3% der Blognutzer, die zumindest einmal pro Woche Einträge lesen, kommentieren bzw. verfassen nur noch 15,1% bzw. 11% im gleichen Zeitraum Beiträge.

[43] Bei Ausschluss der Doktorandengruppe aus der Analyse nähern sich die beiden Fachbereiche jedoch etwas an und die Differenz verliert ihre Signifikanz.

© Frank & Timme Verlag für wissenschaftliche Literatur

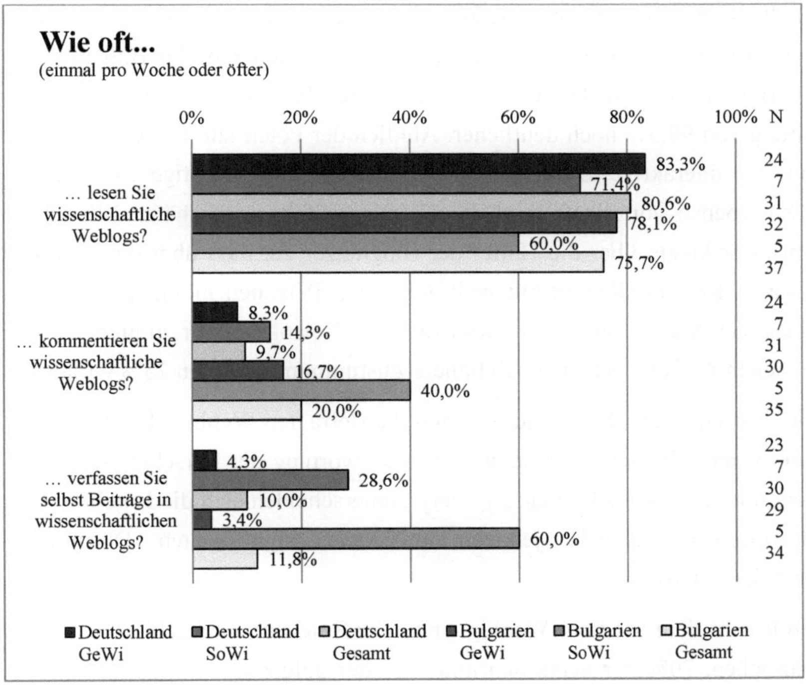

Abb. 12: Nutzungshäufigkeit von Blogs (lesen, kommentieren, schreiben)

An dieser Stelle macht erst wieder der Disziplinenvergleich signifikante Unterschiede deutlich. Obwohl mit 80,7% mehr Geisteswissenschaftler angaben, mindestens einmal pro Woche Weblogs zu lesen (Sozialwissenschaftler = 66,7%)[44], erweisen sich die Befragten aus den Sozialwissenschaften als wesentlich aktiver. 25% von ihnen gaben an, mindestens wöchentlich wissenschaftliche Weblogs zu kommentieren (Geisteswissenschaftler lediglich 13%) und sogar 41,7% veröffentlichen im Wochenrhythmus eigene Beiträge. Jedoch müssen diese Ergebnisse mit Vorsicht betrachtet werden, da es sich um sehr geringe Fallzahlen handelt.

Als größten Vorteil sehen die befragten Blog-Nutzer insbesondere die schnelle Informationsverarbeitung und die Aktualität der Inhalte (79,7%), wobei an die-

[44] Diese Differenz ist noch nicht signifikant.

ser Stelle signifikante Unterschiede zwischen den untersuchten Ländern zum Vorschein kommen. Obwohl bereits mit 71% eine Mehrzahl der Bulgaren diesen Vorteil schätzt, ist die Bewertung der deutschen Befragten mit einer Zustimmung von 90,3% noch deutlicher. Ähnlich der Potentiale von Communities nimmt der interaktive Dialog für die Befragten eine wichtige Stellung ein (62,3%), ebenso vorteilhaft wird die Themenvielfalt eingeschätzt. Mit 50,7% stimmt zwar knapp über die Hälfte der Blognutzer zu, dass über diesen Kanal vereinfacht Kommunikation mit weit entfernten Personen möglich ist. Jedoch scheinen sich *Social Networking Sites* für diese Belange besser zu eignen, da in der gleichen Abfrage eine deutlich höhere Zustimmungsrate von 75% vorlag.

Bei der Einschätzung der Gründe, warum die Befragten Weblogs für ihre Arbeit nutzen, waren wiederum vier Items zur Beantwortung der Forschungsfrage besonders relevant. Wie Abbildung 13 zeigt, unterscheiden sich die Ergebnisse im Ländervergleich deutlich, jedoch sind keine signifikanten Disziplinen-Unterschiede auszumachen.

Generell wird dem Medium Weblog eine hohe Relevanz für Fachinformationen zugesprochen. 70% der deutschen und 97% der bulgarischen Blognutzer stimmen mindestens zu, dass das Weblog behilflich ist, um im eigenen Forschungsgebiet auf dem Laufenden zu bleiben. Selbst für Informationen aus anderen Forschungsgebieten konsultieren 66,7% der deutschen und sogar 81,3% der bulgarischen Befragten Weblogs. An beiden Stellen ist die Zustimmung bei den Bulgaren signifikant höher.

 © Frank & Timme Verlag für wissenschaftliche Literatur

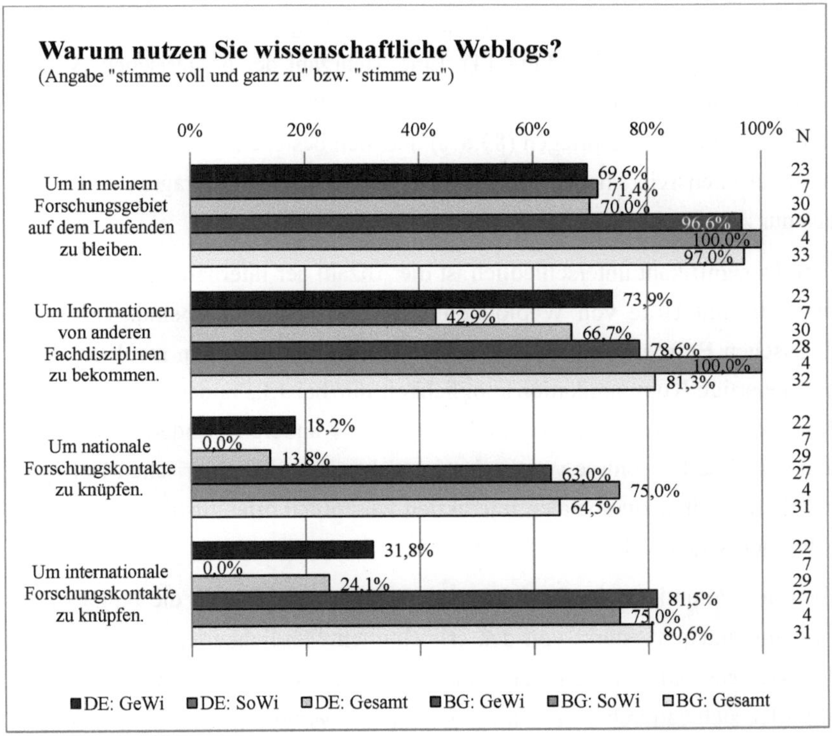

Abb. 13: Gründe für die Weblog-Nutzung im wissenschaftlichen Bereich

Andererseits gehen die Meinungen in den beiden Ländern bzgl. der Nützlichkeit von Weblogs für die Kontaktaufnahme weit auseinander. Zwei Drittel der bulgarischen Befragten gaben an, über Weblogs Kontakte mit nationalen Kollegen zu knüpfen. In Deutschland tun dies lediglich 13,8% der Wissenschaftler. Eine signifikante Differenz, die sich auch im internationalen Kontext fortführt. Mit 80,6% Zustimmung messen die bulgarischen Teilnehmer wissenschaftlichen Weblogs eine starke Bedeutung für den Ausbau internationaler Arbeitskontakte bei. Ganz im Gegensatz zu ihren deutschen Kollegen, welche dieses Medium nur zu 24,1% für die länderübergreifende Kontakterweiterung nutzen. Auffällig ist an dieser Stelle, dass keiner der deutschen Sozialwissenschaftler den letzten beiden Aussagen zustimmt.

Bestätigung findet diese Tendenz in der Abfrage der Auswirkungen der Weblognutzung (vgl. Abbildung 14). Eine Mehrzahl der bulgarischen Wissenschaftler stimmen mindestens zu, dass sie durch den Gebrauch von Blogs mehr internationale Kontakte pflegen (83,8%) und sich bestehende Kontakte über diesen Kanal intensiviert haben (66,7%). Bei den deutschen Befragten ist dies jeweils nur zu 20% der Fall.

Ebenfalls signifikant unterschiedlich ist die Anzahl der internationalen Kooperationen, die mit Hilfe von Weblogkommunikation entstanden sind. 41,7% der bulgarischen Befragten stimmen diesem Umstand zu, hingegen resultiert durch diese neuartige Kommunikationsmöglichkeit nur bei 13,3% der deutschen Teilnehmer eine Zusammenarbeit mit Kollegen aus anderen Ländern. Bezugnehmend auf diese Ergebnisse verwundert es nicht, dass die bulgarischen Befragten den Möglichkeiten zur sozialen Interaktion wesentlich öfter zustimmen (73,5%), als ihre deutschen Kollegen (57,7%).

Neben den Potentialen im Beziehungsmanagement profitieren die bulgarischen Befragten zudem verstärkt von den erleichterten Möglichkeiten, am internationalen Wissenschaftsdialog teilzunehmen (70,6% stimmen dem mindestens zu) und fühlen sich dadurch besser in die *Scientific Community* integriert (63,9%).

Gleichzeitig ist ein Großteil von ihnen überzeugt, dass sie mit Hilfe von Weblogs auch mit Kollegen kommunizieren können, egal an welchem Ort der Erde sie arbeiten (84,4%). Weniger relevant scheinen diese Punkte für die deutschen Teilnehmer zu sein, welche den genannten Aussagen signifikant[45] seltener (25% bis über 45%) zustimmten. Wie auch schon bei den Nutzungsgründen, ergeben sich im Disziplinenvergleich bei den Auswirkungen keine signifikanten Differenzen.

---

[45] Die Ergebnisse zur Aussage "Durch die Nutzung von wissenschaftlichen Weblogs fühle ich mich besser in die *Scientific Community* integriert" wird erst bei Ausschluss der Doktorandengruppe signifikant.

 © Frank & Timme Verlag für wissenschaftliche Literatur

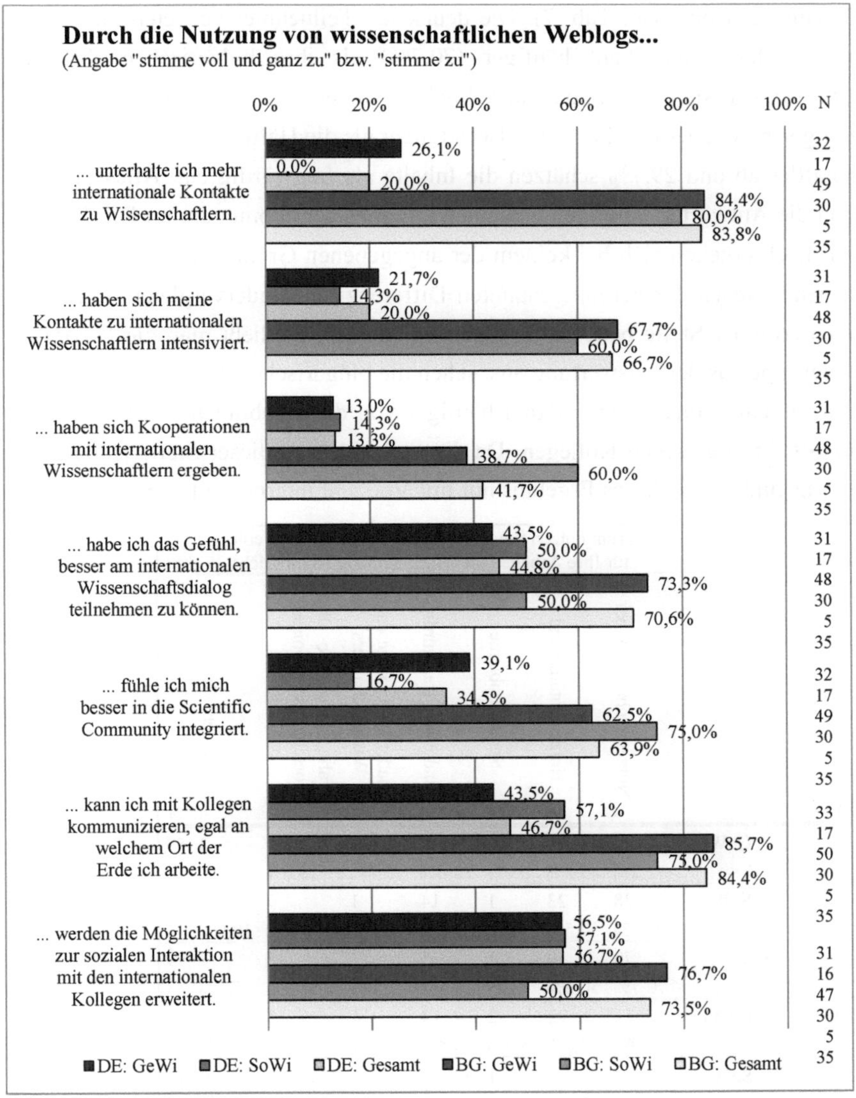

Abb. 14: Auswirkungen aufgrund der Nutzung von Weblogs

Welche Gründe ergeben sich aber für die restlichen Befragten, von einem Blog-Einsatz für die wissenschaftliche Arbeit abzusehen? Als stärkstes Argument wird von 59,5% aller Nicht-Nutzer der fehlende Nutzen dieses Mediums für ihre

Belange genannt (vgl. Tab. 7). Die deutschen Teilnehmer vertreten diese Meinung jedoch signifikant häufiger (70,7%) als ihre bulgarischen Kollegen (36,7%), was sich auch in den tatsächlichen Nutzerzahlen widerspiegelt. Gleichzeitig schreckt der erhöhte Zeitaufwand mehr als die Hälfte (53,4%) der Wissenschaftler ab und 29,7% schätzen die Inhalte als fragwürdig ein. Alles in allem sind die Antworten unter den einzelnen Gruppen sehr homogen. Im Disziplinenvergleich ergeben sich bei keinem der angegebenen Gründe signifikante Unterschiede. Neben der bereits genannten Differenz im Ländervergleich, traten nur noch an einer Stelle bedeutende Unterschiede auf. Schließt man die Doktorandengruppe aus der Auswertung aus, sehen die bulgarischen Teilnehmer aufgrund von Sprachproblemen signifikant häufiger von dem Gebrauch dieses Mediums ab, als ihre deutschen Kollegen. Da die Fallzahlen an dieser Stelle jedoch sehr gering sind, sollte dieses Ergebnis nur mit Vorsicht interpretiert werden.

		Warum nutzen Sie keine wissenschaftlichen Weblogs für Ihre Arbeit? (Mehrfachnennung ist möglich)							
Ort		Nutzen nicht erkennbar	Hoher Zeitaufwand	Sprachprobleme	Inhalte sind fragwürdig.	Schaden dem Image eines Wissenschaftlers.	Gefahr, zu früh Infos über Forschungsergebnisse preiszugeben.	Andere Gründe	N
DE	GeWi	42	27	0	11	2	8	3	59
		71,2%	45,8%	0,0%	18,6%	3,4%	13,6%	5,1%	
	SoWi	28	23	1	14	1	7	4	40
		70,0%	57,5%	2,5%	35,0%	2,5%	17,5%	10,0%	
	Gesamt	70	50	1	25	3	15	7	99
		70,7%	50,5%	1,0%	25,3%	3,0%	15,2%	7,1%	
BG	GeWi	11	22	2	14	1	5	2	38
		28,9%	57,9%	5,3%	36,8%	2,6%	13,2%	5,3%	
	SoWi	7	7	1	5	2	3	0	11
		63,6%	63,6%	9,1%	45,5%	18,2%	27,3%	0,0%	
	Gesamt	18	29	3	19	3	8	2	49
		36,7%	59,2%	6,1%	38,8%	6,1%	16,3%	4,1%	
		Chi-Quadrat nach Pearson							
Ländervergleich		0,000	0,578	0,085	0,159	0,419	0,985	0,421	
Disziplinenvergleich		0,179	0,472	0,532	0,194	0,441	0,371	0,552	

Tab. 7: Gründe für die Nichtnutzung von Weblogs für die Arbeit

 © Frank & Timme Verlag für wissenschaftliche Literatur

6.2 Diskussion der Ergebnisse

Die folgende Diskussion der Ergebnisse orientiert sich an der Strukturierung der im Kapitel 4.2 formulierten Hypothesen und wird diese im Verlauf jeweils für die Anwendungen *Social Networking Sites* sowie Weblogs aufgreifen und beantworten.

6.2.1 Intensivierung des Beziehungsmanagements auf internationaler Ebene

Social Networking Sites

Obwohl Communities erst vor wenigen Jahren für die breite Masse salonfähig wurden und selbst heute noch die SNS-Nutzung im beruflichen Kontext eher gering ausgeprägt ist, zeigen die hier vorliegenden Ergebnisse, dass diese Anwendung mit einer Durchdringung von 35,4% unter allen Befragten eine nicht zu unterschätzende Rolle in der Wissenschaftskommunikation spielt. Bestätigt wird dieser Sachverhalt durch die Nutzer selbst, da sie sich zu knapp 80% mindestens einmal pro Woche bei diesen Communities einloggen. Dabei schätzen sie insbesondere die vielfältigen Interaktionsmöglichkeiten, die Möglichkeit Kontakte zu knüpfen sowie mit anderen Personen in Dialog treten zu können. Größter Vorteil ist jedoch für 75% aller Befragten, dass sie mit Hilfe von *Social Networking Sites* mit weit entfernten Personen kommunizieren können. Aus den genannten Vorteilen wird das Potential für die Internationalisierung der informellen Wissenschaftskommunikation deutlich, was die Befragten auch umfassend nutzen. Sie streben zu 68,8% an, internationale Kontakte über Communities zu knüpfen, was sich auch in der Realität umsetzen lässt. Bei 69% der Teilnehmer sind die Kontakte mit ausländischen Wissenschaftlern umfangreicher und bei 66,3% intensiver geworden. Dabei entstehen nicht nur länderübergreifende Netzwerke, sondern bei 40% aller SNS-Nutzer ergaben sich in der Vergangenheit zudem internationale Kooperationen. Das heißt, die informelle Wissenschaftskommunikation wird auf diesen Plattformen nicht nur angebahnt, sondern darüber hinaus bis zu forschungsvorbereitenden Maßnahmen ausgereizt.

Wissenschaftliche Weblogs

Mit einer Nutzungsrate von 28% kommen wissenschaftliche Weblogs bei den Befragten zwar seltener zum Einsatz als Communities, im Vergleich zu anderen Studien (siehe Kapitel 3.5.3) ist die Durchdringung dieser Anwendung jedoch vergleichbar bzw. sogar etwas höher. Zudem lesen 78,3% der Rezipienten mindestens einmal pro Woche Blog-Einträge, was den regelmäßigen, passiven Gebrauch verdeutlicht. Zur aktiven Verwendung (das heißt kommentieren oder selbst Beiträge verfassen) kommt es hingegen nur bei einer Minderheit (mindestens wöchentlich 15,1% bzw. 11%). Angesichts der von den Teilnehmern genannten Vorteile verwundert dieses Ergebnis. Gaben doch 62,3% der Blognutzer an, dass sie den interaktiven Dialog in Weblogs schätzen. Zudem macht über die Hälfte von ihnen Gebrauch von Blogs, um internationale Forschungskontakte zu knüpfen, was bei 55,2% der Nutzergruppe in der Vergangenheit schon gelungen ist. Darüber hinaus verweisen 45,5% der Nutzer auf intensivere, internationale Kontakte und immerhin noch 28,7% geben an, dass Kooperationen entstanden sind. Wie können sich aber Wissenschaftler über Weblogs kennenlernen, obwohl sie über diese Plattform nicht interagieren? Nehmen sie direkt Kontakt mit dem Verfasser auf (z.B. via E-Mail) und meiden einen Dialog über die Kommentarfunktion? Trotz dieser offenen Fragen zeigen die Ergebnisse, dass *Social Networking Sites* zwar öfter und intensiver für die informelle, internationale Wissenschaftskommunikation eingesetzt werden, Weblogs aber genauso geeignet sind, um internationale Kontakte und Kooperationen zu generieren.

Aus diesem Grund kann die Hypothese 1.1, dass *Social Networking Sites* und wissenschaftliche Weblogs der Vermehrung und Intensivierung internationaler Kontakte dienlich sind und einen Anstieg internationaler Kooperationen zur Folge haben, für die vorliegende Stichprobe bestätigt werden.

6.2.2 Integration in die Scientific Community durch die Aufhebung von Ländergrenzen

Da sich die Hypothese 1.1 hauptsächlich den Einzelkontakten zwischen internationalen Wissenschaftlern widmet, soll mit Hypothese 1.2 verstärkt die ganze *Scientific Community* in den Fokus gerückt werden. Forscher sind über die ganze Welt verstreut, wodurch ein Zugehörigkeitsgefühl zur Community nur entste-

 © Frank & Timme Verlag für wissenschaftliche Literatur

hen kann, wenn jeder Einzelne ausreichend über Entwicklungen im eigenen Fachbereich (teilweise auch in angrenzenden Bereichen) informiert ist und selbst am Dialog teilnehmen kann. Um dies zu erreichen, müssen Ländergrenzen überwunden werden.

Social Networking Sites

Dass mittels Communities über Ländergrenzen hinweg vereinfacht kommuniziert werden kann und die befragten Wissenschaftler diese Möglichkeit auch umfangreich nutzen, wurde bereits in Hypothese 1.1 gezeigt. Gleichzeitig ist die Mehrheit der SNS-Nutzer der Meinung, dass Raumgrenzen überwunden werden (83,6%). Einer Entmachtung des Parameters Zeit im Zusammenhang mit gemeinsamen Projekten stimmen hingegen nur 57,3% der Befragten zu, was Einschränkungen in diesem Bereich deutlich macht. Synchrones Arbeiten ist im Internet nur möglich, wenn sich alle Beteiligten in Zeitzonen befinden, die einen zeitgleichen, im Rahmen der Arbeitszeit befindlichen, Austausch zulassen. Trotz dieser kleinen Beschränkungen haben 57,8% der Nutzer mit Hilfe von *Social Networking Sites* das Gefühl, besser am internationalen Wissenschaftsdialog teilzunehmen und 54,7% fühlen sich umfangreicher in die *Scientific Community* integriert.

Wissenschaftliche Weblogs

Weblogs werden hingegen insbesondere wegen der schnellen Informationsverarbeitung, der Aktualität der Inhalte und der Themenvielfalt im wissenschaftlichen Alltag eingesetzt. Schließlich ziehen die befragten Nutzer sie zu 84,1% zu Rate, um in ihrem Forschungsgebiet auf dem Laufenden zu bleiben und sogar noch zu 74,2%, um Informationen von anderen Fachdisziplinen zu erhalten. Obwohl die User inhaltlich wesentlich besser über die Entwicklungen in der *Scientific Community* Bescheid wissen und durch die Kommentarfunktion auch direkt Kontakt mit dem Verfasser aufnehmen können, ist die gefühlte Integration in das weltweite Wissenschaftlernetzwerk nicht höher, als bei der Nutzung von SNS (ca. 50%). Immerhin 58,7% schätzen die umfangreicheren Möglichkeiten zur Teilnahme am Wissenschaftsdialog.

Zusammenfassend kann geschlussfolgert werden, dass eine Aufhebung von Zeit und Raum durch *Social Networking Sites* und wissenschaftliche Weblogs stattfindet, diese jedoch Einschränkungen unterliegt. Dennoch rückt mit Hilfe der untersuchten *Social-Software*-Anwendungen die *Scientific Community* näher zusammen und ein besserer Austausch unter den beteiligten Wissenschaftlern ist zu verzeichnen. Somit kann auch Hypothese 1.2. bestätigt werden.

6.2.3 Etablierte vs. periphere Wissenschaftsländer

Die wohl deutlichsten Ergebnisse veranschaulicht die Gegenüberstellung von Deutschland (als etabliertes Wissenschaftsland) und Bulgarien (als peripheres Wissenschaftsland). Obwohl für beide Länder die Bedeutung internationaler Kontakte gleichermaßen sehr hoch ist, zeigt sich anhand der Weltregionen (in welche wissenschaftliche Beziehungen getätigt werden), dass sich bulgarische Wissenschaftler verstärkt Richtung Westeuropa orientieren. Vermutlich soll dadurch der Anschluss an etablierte Wissenschaftsnationen sichergestellt werden. Gleichzeitig sind die befragten Bulgaren durchschnittlich einmal weniger pro Jahr auf einer internationalen Konferenz, als ihre Kollegen aus Deutschland. Dies könnte mit hohen Reisekosten und/oder fehlenden Einladungen für Vorträge bei relevanten, internationalen Konferenzen einhergehen. Da es peripheren Wissenschaftsländern unter diesen Umständen schwerer fällt, sich aktiv am wissenschaftlichen Dialog zu beteiligen, bedarf es anderer Mittel, um dieser Situation entgegen zu wirken.

Genau an dieser Stelle kann das Potential des Internets und insbesondere verschiedener *Social-Software*-Anwendungen zum Tragen kommen. Denn obwohl das Balkanland bisher auf eine sehr geringe Internet-Durchdringung in der Gesamtbevölkerung verweisen kann, sind die befragten Wissenschaftler annähernd genauso regelmäßig online und nutzen die vorhandenen Kommunikationsmöglichkeiten für ihre Arbeit sogar in Teilen umfangreicher als ihre deutschen Kollegen.

Wesentlich deutlicher werden die Unterschiede in Bezug auf die SNS- und Weblognutzung. In beiden Fällen zeigen die Ergebnisse, dass die bulgarischen Wissenschaftler diese Anwendungen signifikant öfter nutzen als die deutschen Befragten. Insbesondere hinsichtlich der Internationalisierung der informellen

 © Frank & Timme Verlag für wissenschaftliche Literatur

Wissenschaftskommunikation kommt eine klare Tendenz zum Ausdruck. In allen Fragestellungen, die zur Beantwortung der allgemeinen Hypothesen analysiert wurden, ist die Zustimmungsrate bei den bulgarischen Befragten um einiges (und in den meisten Fällen auch signifikant) höher, im Vergleich zu den deutschen Teilnehmern. Das heißt, die bulgarischen Wissenschaftler nutzen wesentlich öfter (und auch mehrheitlich) als ihre deutschen Kollegen SNS und Weblogs, um internationale Kollegen kennenzulernen, die bestehenden Kontakte zu intensivieren und länderübergreifende Kooperationen in die Wege zu leiten. Gleichzeitig profitieren sie von der Themenvielfalt und der Aktualität in Weblogs und haben dadurch einen besseren Überblick über die Erkenntnisse in ihrem Forschungsbereich. Letztlich sind es auch sie, die zum Großteil das Gefühl haben, durch diese Anwendungen zunehmend am internationalen Wissenschaftsdialog teilnehmen zu können und sich besser in die *Scientific Community* integriert fühlen. Damit wird deutlich, dass *Social-Software*-Anwendungen im wissenschaftlichen Einsatz durchaus das Potential haben, peripheren Wissenschaftsländern neue, einfache und vor allem kostengünstige Möglichkeiten für die internationale Wissenschaftskommunikation zu bieten. Gleichzeitig zeigt die Studie am Beispiel Bulgariens, dass die befragten Wissenschaftler dieses Potential kennen und auch davon profitieren. Hingegen scheint bei den deutschen Befragten der Drang, neue Wege für den länderübergreifenden Austausch mittels Communities und Weblogs zu gehen, bei Weitem nicht so stark ausgeprägt zu sein.

Damit kann auch die Hypothese 2.1, dass periphere Wissenschaftsländer verstärkter die erweiterten Kommunikationsmöglichkeiten von *Social Networking Sites* und wissenschaftlichen Weblogs im Rahmen der Internationalisierung der informellen Wissenschaftskommunikation nutzen, bestätigt werden.

6.2.4 Sozialwissenschaften vs. Geisteswissenschaften

Ein anderes Bild ergibt sich hingegen in der Gegenüberstellung der Sozialwissenschaften mit den Geisteswissenschaften. Obwohl die Befragten der erstgenannten Disziplin regelmäßiger online gehen, sind die Geisteswissenschaftler wesentlich aktiver in Communities und Weblogs (10 bis 15 Prozentpunkte mehr als ihre Kollegen aus den Sozialwissenschaften), was sich auch in der Regelmäßigkeit der Nutzung widerspiegelt. Lediglich beim Kommentieren von Blog-Einträgen bzw. beim Verfassen selbiger ist es umgekehrt.

Trotz dieser Unterschiede können zwischen den Sozial- und Geisteswissenschaften im Einsatz von Communities und Blogs für die internationale Wissenschaftskommunikation keine merklichen Unterschiede festgestellt werden. Sowohl bei den Gründen für die Nutzung, als auch bei den daraus resultierenden Auswirkungen ergeben sich keinerlei signifikante Differenzen zwischen den untersuchten Disziplinen. Lediglich bei der Benennung der Vorteile von SNS sind die Geisteswissenschaftler signifikant öfter der Meinung, dass sich diese Plattformen für den Dialog mit anderen Personen eignen und die Möglichkeit eröffnen, neue Kontakte zu knüpfen. Dies und die generelle Mehrnutzung der untersuchten *Social Software* durch die Geisteswissenschaftler könnten darauf hindeuten, dass diese Disziplin generell aufgeschlossener den neuen Kommunikationsmöglichkeiten im Web 2.0 gegenübersteht.

Für die Hypothese 2.2 kann daher festgestellt werden, dass sich die Nutzungsquote von *Social Networking Sites* und wissenschaftlichen Weblogs in den untersuchten Disziplinen deutlich unterscheiden. Jedoch setzen die SNS- und Weblog-Nutzer beider Disziplinen diese Anwendungen gleichermaßen für die internationale Wissenschaftskommunikation ein. Aus diesem Grund kann die vorliegende Hypothese als nicht bestätigt angesehen werden.

© Frank & Timme Verlag für wissenschaftliche Literatur

7 Fazit und Ausblick

Die empirischen Befunde der vorliegenden Arbeit machen deutlich, dass sich *Social Networking Sites* und wissenschaftliche Weblogs trotz ihrer jungen Erscheinung im wissenschaftlichen Alltag bereits einen eigenen Platz erarbeiten konnten. Insbesondere profitieren die Nutzer von den einfachen, schnellen und vor allem kostengünstigen Kommunikationsmöglichkeiten, welche sie insbesondere für die informelle, internationale Wissenschaftskommunikation verwenden. Der Einsatz dieser Anwendungen geht sogar so weit, dass trotz geografischer Entfernung länderübergreifende Kooperationen durchgeführt werden. Somit zeigt die Praxis, dass Weblogs und insbesondere Communities in der Lage sind, die internationale Wissenschaftskommunikation zu bereichern und vor allem unkomplizierter zu machen.

Gleichzeitig verdeutlicht die heterogene Verwendung unter deutschen und bulgarischen Wissenschaftlern, dass es stark vom Land und der dortigen Situation der Wissenschaft abhängt, wie umfangreich und für welche Belange diese Anwendungen eingesetzt werden. Insbesondere die Befragten aus dem peripheren Wissenschaftsland Bulgarien schätzen die Möglichkeiten für den Ausbau internationaler Kontakte sowie die Integration in die *Scientific Community*.

Jedoch ist zu beachten, dass die Interpretation dieser Ergebnisse gewissen Einschränkungen unterliegt. Es besteht die Möglichkeit, dass sowohl die Art der Stichprobenziehung als auch das Umfragethema selbst vorrangig Internet-Vielnutzer animiert hat, an der Befragung teilzunehmen. Gleichzeitig kann es zum unfreiwilligen Ausschluss bulgarischer Wissenschaftler gekommen sein, wenn diese weder des Englischen noch des Deutschen in einem solchen Maß mächtig sind, dass sie einen Fragebogen ohne Probleme ausfüllen können. An dieser Stelle ergibt sich für die Zukunft weiteres Forschungspotential, um die hier gewonnen Ergebnisse zu bestätigen und an offene Fragen anzuknüpfen. Dafür bietet sich eine repräsentative Stichprobe mit höheren Fallzahlen unter allen Wissenschaftlern in Deutschland und Bulgarien an. Im Rahmen dessen sollte darauf geachtet werden, dass möglichst jeder Wissenschaftler den Fragebogen in seiner Muttersprache erhält und auch Wissenschaftler mit geringer bzw. keiner Internetaffinität teilnehmen können. Denkbar wäre an dieser Stelle eine Kombi-

© Frank & Timme Verlag für wissenschaftliche Literatur

nation aus Onlineumfrage und selbstadministriertem Papierfragebogen. Zugleich besteht die Möglichkeit, im Anschluss mit einer Auswahl der Befragten Einzelinterviews zu führen. Ungewöhnlichen Ergebnissen aus der Umfrage kann mit dieser qualitativen Methodik auf den Grund gegangen werden (z.B. warum so wenige Teilnehmer in Weblogs kommentieren, aber dennoch viele internationale Kontakte knüpfen) und bestimmte Fragestellungen vertiefender untersucht werden.

Denkbar ist auch die Ausweitung des Untersuchungsgegenstandes. Einerseits können im Rahmen dessen alle wissenschaftlichen Disziplinen auf ihr Nutzungsverhalten untersucht werden. Es ist anzunehmen, dass Naturwissenschaftler, als Vorreiter in der Internetkommunikation, Anwendungen wie SNS und Weblogs anders und umfangreicher verwenden als die hier untersuchten Geistes- und Sozialwissenschaften.

Andererseits bietet sich eine Erweiterung des Länderfokus an. Mit mehreren Ländern als Vergleichsmöglichkeit können mögliche nationale oder kulturelle Eigenheiten in der Nutzung verschiedener *Social-Software*-Anwendungen herausgestellt und selbst periphere mit peripheren Ländern sowie etablierte mit anderen etablierten Ländern verglichen werden. Zugleich ist eine Untersuchung interessant, ob das verstärkte Aufstreben einzelner Wissenschaftsländer in den vergangenen Jahren wie z.B. Indien oder China auch zum Teil auf Anwendungen wie Communities oder Weblogs zurückzuführen ist.

Zuletzt sollte nicht versäumt werden, sich mit den Gründen für die Nichtnutzung auseinander zu setzen. Insbesondere Hauptanbieter von wissenschaftlicher *Social Software* (z.B. *ResearchGate* oder *scienceblog.com*) sollten Forschungen zu dieser Fragestellung als Chance verstehen, um ihr eigenes Angebot zu verbessern. Das heißt, es muss für Nicht-Nutzer noch deutlicher dargestellt werden, worin der Mehrwert in der Verwendung von SNS und Weblogs für die wissenschaftliche Arbeit liegt. Zudem besteht insbesondere für den deutschen Markt Bedarf das Thema Datenschutz offen und transparent anzusprechen, um Bedenken aus dem Weg zu räumen.

Alles in allem kann jedem Wissenschaftler nur angeraten werden, die untersuchten Anwendungen auf die persönliche Tauglichkeit im Einsatz für die internati-

© Frank & Timme Verlag für wissenschaftliche Literatur

onale, informelle Wissenschaftskommunikation zu testen, bevor ein abweisendes Urteil vergeben wird. Die hier durchgeführte Studie hat gezeigt, dass zahlreiche Wissenschaftler diese Anwendungen bereits umfangreich und mit Erfolg für ihre eigene Arbeit einsetzen.

8 Literaturverzeichnis

Alby, Tom (2007): *Web 2.0. Konzepte, Anwendungen, Technologien.* 2., aktualisierte Auflage. München: Hanser.

Amsen, Eva (2006): "Who Benefits from Science Blogging." In: *Hypothesis*, Jg. 4, H. 2, S. 10–14

Arunachalam Subbiah (1992): "Peripherality in science: what should be done to help peripheral science get assimilated into mainstream science." In : Arvanitis, Rigas/ Gaillard, Jaques (Eds.). *Les indicateurs de science pour les pays en développement = Science indicators for developing countries.* Paris: Orstrom. S. 67–76.

Barjak, Franz (2006): "The role of the Internet in informal scholarly communication." In: *Journal of the American Society for Information Science and Technology*, 57 (10), S. 1350–1367.

Bauschke-Urban, Carola (2009): *Im Transit. Transnationalisierungsprozesse in der Wissenschaft.* Wiesbaden: Verlag für Sozialwissenschaften

Beck, Klaus (2008): "Neue Medien – alte Probleme? Blogs aus medien- und kommunikationsethischer Sicht." In: Zerfaß, Ansgar/ Welker, Martin/ Schmidt, Jan (Hg.): *Kommunikation, Partizipation und Wirkungen im Social Web. Grundlagen und Methoden: Von der Gesellschaft zum Individuum.* Köln: Halem (Neue Schriften zur Online-Forschung, 2), S. 62–77.

Berge, Stefan/ Buesching, Arne (2008): "Strategien von Communities im Web 2.0." In: Hass, Bertold/ Walsh, Gianfranco/ Kilian, Thomas (Hg.): *Web 2.0. Neue Perspektiven für Marketing und Medien.* Berlin: Springer, S. 24–37.

Boyd, Danah/ Ellison, Nicole (2008): "Social Network Sites: Definitions, History, and Scholarship." In: *Journal of Computer-Mediated Communication*, Jg. 13, 2008, H. 1, Article 11, S. 210–230. Online verfügbar unter http://onlinelibrary.wiley.com/doi/ 10.1111/j.1083-6101.2007.00393.x/pdf, zuletzt geprüft am 11.11.2011.

Bucher, Hans-Jürgen (2002): "Internet und globale Kommunikation". In: Hepp; Andreas/ Löffelholz, Martin (Hg.): *Grundlagentexte zur transkulturellen Kommunikation.* Konstanz: UVK Verlagsgesellschaft, S. 500–530

Bucher, Hans-Jürgen (2009): "Das Internet als Netzwerk des Wissens. Zur Dynamik und Qualität von spontanen Wissensordnungen im Web 2.0." In: Fangerau, Heiner/ Halling, Thorsten (Hg.): *Netzwerke. Allgemeine Theorie oder Universalmetapher in den Wissenschaften? Ein transdisziplinärer Überblick.* Bielefeld: Transcript-Verlag, S. 133–171.

Bucher, Hans-Jürgen/ Büffel, Steffen (2006): "Weblogs – Journalismus in der Weltgesellschaft. Grundstrukturen einer netzwerkorientierten Form der Medienkommunikation." In: Picot, Arnold/ Fischer, Tim (Hg.): *Weblogs professionell. Grundlagen, Konzepte und Praxis im unternehmerischen Umfeld.* 1. Heidelberg: dpunkt.Verlag, S. 131–156.

Burns, Terry/ O'Connor John/ Stocklmayer, Susan (2003): "Science Communication: A Contemporary Definition." In: *Public Understanding of Science,* April 2003 (12), S. 183–202.

Busemann, Katrin/ Gscheidle, Chistoph. (2011): "Web 2.0: Aktive Mitwirkung verbleibt auf niedrigem Niveau. Ergebnisse der ARD/ZDF-Online-Studie 2011." In: *Media Perspektiven,* Jg. 42, H. 7–8, S. 360–369.

Danneberg, Lutz/ Schönert, Jörg (1996): "Zur Transnationalität und Internationalisierung von Wissenschaft." In: Danneberg, Lutz/ Vollhardt, Friedrich (Hg.): *Wie international ist die Literaturwissenschaft? Methoden- und Theoriediskussion in den Literaturwissenschaften: kulturelle Besonderheiten und interkultureller Austausch am Beispiel des Interpretationsproblems, 1950–1990.* Stuttgart: Metzler, S. 7–85.

Davies, Eric/ Greenwood, Helen (2004): "Scholarly communication trends. Voices from the vortex: a summary of specialist opinion." In: *Learned Publishing* (17), S. 157–167.

Deutscher Wissenschaftsrat (2010): "Aufbruch nach Europa: Deutsche Wissenschaft zum Europäischen Forschungsraum hin öffnen." Pressemitteilung 17/2010. Online verfügbar unter http://www.wissenschaftsrat.de/download/archiv/hginfo_1710.pdf ; zuletzt geprüft am 11.11.2011

Döbler, Thomas (2007): "Potenziale von Social Software. Forschungsbericht." (Hg.): MFG Stiftung Baden-Württemberg. Stuttgart. (FAZIT-Schriftenreihe).

 © Frank & Timme Verlag für wissenschaftliche Literatur

Dogan, Mattei (2000): "The Moving Frontiers of the Social Sciences." In: Ohly, Peter (Hg.): *Globalisierung und Wissensorganisation. Neue Aspekte für Wissen Wissenschaft und Informationssysteme.* Würzburg: Ergon-Verlag, S. 87–105.

Drori, Gili (2003): *Science in the modern world polity. Institutionalization and globalization.* Stanford, Calif: Stanford University Press.

Ehlich, Konrad (2006): "Mehrsprachigkeit in der Wissenschaftskommunikation – Illusion oder Notwendigkeit?" In: Ehlich, Konrad/ Heller, Dorothee (Hg.): *Die Wissenschaft und ihre Sprachen.* Bern, New York: P. Lang, S. 17–38.

Engels, Anita/ Ruschenberg, Tina (2006): "Die Ausweitung kommunikativer Räume: Reichweite, Mechanismen und Theorien der Globalisierung der Wissenschaft." In: *Soziale Welt* (57), S. 5–29. Online verfügbar unter http://www.soziale-welt.nomos.de/fileadmin/soziale-welt/doc/SozWelt_06_01.pdf, zuletzt geprüft am 11.11.2011.

European Commission (2011): "User language preferences online. Flash Eurobarometer 313." Online verfügbar unter http://ec.europa.eu/public_opinion/flash/fl_313_en.pdf, zuletzt geprüft am 11.11.2011.

Fangerau, Heiner (2009): "Der Austausch von Wissen und die rekonstruktive Visualisierung formeller und informeller Denkkollektive." In: Fangerau, Heiner/ Halling, Thorsten (Hg.): *Netzwerke. Allgemeine Theorie oder Universalmetapher in den Wissenschaften? Ein transdisziplinärer Überblick.* Bielefeld: Transcript-Verlag, S. 215–246.

Földes, Csaba (2005): "Wissenschaftssprache und Wissenschaftskommunikation im Spannungsfeld zwischen Deutsch, Nationalsprache und Englisch." In: Neuland, Eva/ Ehlich, Konrad/ Roggausch, Werner (Hg.): *Perspektiven der Germanistik in Europa. Tagungsbeiträge.* München: Iudicium, S. 258–271.

Fritz, Gerd (noch unveröffentlicht): "Scientifique dialogue in interactive digital media." In: Cantarini, Sibilla/ Hundsnurscher, Frankz (Eds.): *Dialogue: Studies in memory of Sorin Stati.* Bologna: Patron. Online verfügbar unter http://www.wissenschaftskommunikation.info/wordpress/uploads/Scientific_dialogue_digital_1.pdf, zuletzt geprüft am 11.11.2011.

Fritz, Gerd/ Bader, Anita (2010): "Digitale Formate in der Wissenschaftskommunikation: Konstellationen und Konvergenzen." In: Bucher, Hans-Jürgen (Hg.): *Neue Medien – neue Formate. Ausdifferenzierung und Konvergenz in der Medienkommunikation.* Frankfurt am Main : Campus-Verlag, S. 337–355.

Fuchs-Kittowski, Klaus (1998): "Digitale Medien und die Zukunft der Kultur wissenschaftlicher Tätigkeit." In: Fuchs-Kittowski, Klaus et al.: *Wissenschaft und Digitale Bibliothek. Wissenschaftsforschung Jahrbuch 1998.* Berlin: Gesellschaft für Wissenschaftsforschung.

Genoni, Paul/ Merrick, Helen/ Willson Michele (2009): "e-Research and Scholarly Community in the Humanities." In: Jankowski, Nick (Ed.): *e-Research. Transformation in scholarly practice.* New York: Routledge, S. 91–108.

Haber, Peter/ Hodel, Jan (2007): "Historische Fachkommunikation im Wandel. Analysen und Trends." In: Ball, Rafael (Hg.): *Wissenschaftskommunikation der Zukunft. 4. Konferenz der Zentralbibliothek Forschungszentrum Jülich.* Jülich: Forschungszentrum Jülich, S. 71–79.

Hagenhoff, Svenja/ Seidenfaden, Lutz/ Ortelbach, Björn/ Schumann, Matthias (2007): *Neue Formen der Wissenschaftskommunikation. Eine Fallstudienuntersuchung.* Göttingen: Universitäts-Verlag Göttingen.

Halavais, Alex (2000): "National Borders on the World Wide Web." In: *New Media & Society* 2 (1), S. 7–28.

Herring, Mark (2011): "Social media fortifies bond between scientists." auf technicianonline.com, 01.06.2011, http://www.technicianonline.com/features/social-media-fortifies-bond-between-scientists-1.2597289, zuletzt geprüft am 11.11.2011.

Hinner, Kajetan (2003): *Wissenschaft im Zeitalter des Internet.* Berlin: Logos-Verlag.

Hohensee, Matthias (2010): "Facebook des Wissens." auf WirtschaftsWoche.de, 22.09.2010, http://www.wiwo.de/technik-wissen/facebook-des-wissens-441620/, zuletzt geprüft am 11.11.2011.

 © Frank & Timme Verlag für wissenschaftliche Literatur

Jacobsen, Nils (2009): "Kommunikation 2.0: Was ist Social Media?" Auf meedia.de, 20.05.2009, http://meedia.de/internet/kommunikation-20-was-ist-social-media/2009/05/20.html, zuletzt geprüft am 11.11.2011

Kaden, Ben (2009): *Library 2.0 und Wissenschaftskommunikation.* Berlin: Simon-Verlag für Bibliothekswissen.

Kerr, Clark (1990): "The Internationalisation of Learning and the Nationalisation of the Purposes of Higher Education: Two "Laws of Motion" in Conflict?" In: *European Journal of Education* 25 (1990), S. 5–22.

Kilian, Thomas/ Hass, Berthold/ Walsh, Gianfranco (2008): "Grundlagen des Web 2.0." In: Hass, Berthold et al. (Hg.): *Web 2.0. Neue Perspektiven für Marketing und Medien.* Berlin: Springer, S. 3–21.

Knight, Jane (1994): *Internationalization. Elements and checkpoints.* Ottawa: Canadian Bureau for International Education Research.

Koch, Daniel/ Moskaliuk, Johannes (2009): "Onlinestudie: Wissenschaftliches Arbeiten im Web 2.0." Hochschulbibliothekszentrum des Landes Nordrhein-Westfalen, Köln (hbz) (*e-learning and education (eleed) Journal*, 5).

Koch, Gertraud (2006): "Internationalisierung von Wissen." In: Gertraud Koch (Hg.): *Internationalisierung von Wissen. Multidisziplinäre Beiträge zu neuen Praxen des Wissenstransfers.* St. Ingbert: Röhrig, S. 11–23.

Koch, Michael/ Richter, Alexander (2009): *Enterprise 2.0. Planung, Einführung und erfolgreicher Einsatz von Social Software in Unternehmen.* 2. Aufl. München: Oldenbourg Wissenschaftsverlag.

Krystek, Ulrich/ Zur Eberhard (2001): *Handbuch Internationalisierung: Globalisierung – eine Herausforderung für die Unternehmensführung.* 2. Auflage. Heidelberg, Berlin: Springer

Lanzendorf, Ute/ Teichler, Ulrich (2003): "Globalisierung im Hochschulwesen – ein Abschied von etablierten Werten der Internationalisierung?" In: *Zeitschrift für Erziehungswissenschaft* 6 (2), S. 219–238.

Lüdi, Georges (2005): "Wissenschaft zwischen Mehrsprachigkeit, Monolingualisierung oder Sprach(en)losigkeit." In: Neuland, Eva/ Ehlich, Konrad/ Roggausch, Werner (Hg.): *Perspektiven der Germanistik in Europa. Tagungsbeiträge.* München: Iudicium, S. 310–323.

Martin, Guido (2006): "Wissenschaft (in) der Weltgesellschaft: Empirische Beobachtungen zu Strukturen und Verlaufsformen akademischer Forschung." Hg. v. Institut für Weltgesellschaft. Universität Bielefeld. Bielefeld. Online verfügbar unter http://www.uni-bielefeld.de/soz/iw/pdf/Martin-Empirie.pdf, zuletzt geprüft am 11.11.2011.

Möller, Eric (2006): *Die heimliche Medienrevolution. Wie Weblogs, Wikis und freie Software die Welt verändern.* 2. Auflage. Hannover: Heise.

Mühlenbeck, Frank/ Skibicki, Klemens (2007): *Community Marketing Management. Wie man Online-Communities im Internet-Zeitalter des Web 2.0 zum Erfolg führt.* Norderstedt: Books on Demand.

Nentwich, Michael (2003a): *Cyberscience. Research in the age of the internet.* Vienna: Austrian Academy of Sciences Press.

Nentwich, Michael (2003b): "Neue Kommunikationstechnologien und Wissenschaft. Veränderungspotentiale und Handlungsoptionen auf dem Weg zur Cyber-Wissenschaft." Institut für Technikfolgen-Abschätzung der Österreichischen Akademie der Wissenschaften. Wien (*ITA manuscript*, 11/2003). Online verfügbar unter http://www.oeaw.ac.at/ita/pdf/ita_03_03.pdf, zuletzt geprüft am 11.11.2011.

Nentwich, Michael (2009): "Cyberscience 2.0 oder 1.2? Das Web 2.0 und die Wissenschaft." Hg. v. Institut für Technikfolgen-Abschätzung der Österreichischen Akademie der Wissenschaften. Wien (*ITA manuscript*). Online verfügbar unter http://epub.oeaw.ac.at/ita/ita-manuscript/ita_09_02.pdf, zuletzt geprüft am 11.11.2011.

Nentwich, Michael/ König, René (2011): "Wissenschaft und Social Networking Sites." Steckbrief 5 im Rahmen des Projekts Interactive Sciences. Institut für Technikfolgen-Abschätzung der Österreichischen Akademie der Wissenschaften. Wien (ITA-Projektbereicht). Online verfügbar unter http://epub.oeaw.ac.at/ita/ita-projektberichte/d2-2a52-5.pdf, zuletzt geprüft am 11.11.2011.

O'Reilly, Tim (2005): "What Is Web 2.0. Design Patterns and Business Models for the Next Generation of Software." Online verfügbar unter http://oreilly.com/web2/archive/what-is-web-20.html, zuletzt geprüft am 11.11.2011.

 © Frank & Timme Verlag für wissenschaftliche Literatur

Orthmann, Claudia/ Näcke, Lars (2000): "Die Chancen virtueller Gemeinschaften im Internet für einen interkulturellen Wissenschaftsdiskurs." In: Ohly, Peter (Hg.): *Globalisierung und Wissensorganisation. Neue Aspekte für Wissen Wissenschaft und Informationssysteme*. Würzburg: Ergon-Verlag, S. 141–151.

Procter, Rob/ Williams, Robin/ Stewart, James (2010): "If you build it, will they come? How researchers perceive and use web 2.0. Research Information Network", Online verfügbar unter http://www.rin.ac.uk/our-work/communicating-and-disseminating-research/use-and-relevance-web-20-researchers, zuletzt geprüft am 11.11.2011.

Przepiorka, Sven (2006): "Weblogs, Wikis und die dritte Dimension." In: Picot, Arnold/ Fischer, Tim (Hg.): *Weblogs professionell. Grundlagen, Konzepte und Praxis im unternehmerischen Umfeld.* Heidelberg: dpunkt.Verlag, S. 13–27.

Raab-Steiner, Elisabeth/ Benesch, Michael (2010): *Der Fragebogen. Von der Forschungsidee zur SPSS/PASW-Auswertung.* 2. aktualisierte Auflage. Wien: facultas.wuv

Richter Alexander/ Koch Michael (2007): "Social Software – Status Quo und Zukunft." Technischer Bericht Nr. 2007-01. Fakultät für Informatik. Universität der Bundeswehr München. Online verfügbar unter http://www.kooperationssysteme.de/docs/ pubs/RichterKoch2007-bericht-socialsoftware.pdf, zuletzt geprüft am 11.11.2011.

Roth, Philipp (2011): "Neuer Rekord: 600 Millionen aktive Facebook Nutzer." Online verfügbar unter http://allfacebook.de/news/neuer-rekord-600-millionen-aktive-facebook-nutzer, zuletzt geprüft am 11.11.2011.

Rotter, Carolin (2005): *Internationalisierung von Studiengängen: Typen – Praxis – empirische Befunde.* Online verfügbar unter http://www-brs.ub.ruhr-uni-bochum.de/netahtml/HSS/Diss/RotterCarolin/diss.pdf, zuletzt geprüft am 11.11.2011.

Schmidt, Jan (2006a): *Weblogs. Eine kommunikationssoziologische Studie.* Konstanz: UVK Verl.-Ges.

Schmidt, Jan (2006b): "Social Software: Onlinegestütztes Informations-, Identitäts- und Beziehungsmanagement." In: *Neue Soziale Bewegungen*, Jg. 19, H. 2, S. 37–47.

Schmidt, Jan (2008a): "Was ist neu am Social Web? Soziologische und kommunikationswissenschaftliche Grundlagen." In: Zerfaß, Ansgar/ Welker, Martin/ Schmidt, Jan (Hg.): *Kommunikation, Partizipation und Wirkungen im Social Web. Grundlagen und Methoden: Von der Gesellschaft zum Individuum.* Köln: Halem (Neue Schriften zur Online-Forschung, 2), S. 18–40.

Schmidt, Jan (2008b): "Geschlechterunterschiede in der deutschsprachigen Blogosphäre." In: Alpar, Paul/ Blaschke, Steffen (Hg.): *Web 2.0 – Eine empirische Bestandsaufnahme.* Wiesbaden: Vieweg. S. 75–86.

Schmidt, Jan (2011): "(Micro)Blogs: Practices of Privacy Management." In: Trepte, Sabine/ Reinecke, Leonard (Hg.): *Privacy Online.* Heidelberg: Springer. S. 159–173.

Schott, Thomas (1988): "International influence in science. Beyond center and periphery", in *Social Science Research* 17, S. 219–238.

Seybert, Heidi/ Lööf, Anna (2010): "Internet usage in 2010 – Households and Individuals." Hg.: Eurostat. Luxemburg (*Data in Focus*, 50/2010). Online verfügbar unter http://epp.eurostat.ec.europa.eu/cache/ITY_OFFPUB/KS-QA-10-050/EN/KS-QA-10-050-EN.PDF, zuletzt geprüft am 11.11.2011.

Simmel, Georg (2006): "Der Raum und die räumlichen Ordnungen der Gesellschaft." In: Eigmüller, Monika/ Vobruba, Georg (Hg.): *Grenzsoziologie. Die politische Strukturierung des Raumes.* Wiesbaden: VS Verlag für Sozialwissenschaften, S. 15–23.

Socialbakers (2011): "Bulgaria Facebook Statistic." Online verfügbar unter: http://www.socialbakers.com/facebook-statistics/bulgaria und "Germany Facebook Statistics." Online verfügbar unter: http://www.socialbakers.com/facebook-statistics/germany; zuletzt geprüft am 11.11.2011.

Statistisches Bundesamt (2011): "Finanzen und Steuern. Ausgaben, Einnahmen und Personal der öffentlichen und öffentlich geförderten Einrichtungen für Wissenschaft, Forschung und Entwicklung." Wiesbaden: Statistisches Bundesamt. Online verfügbar unter: http://www.destatis.de/jetspeed/portal/cms/Sites/destatis/Internet/DE/Content/Publikationen/Fachveroeffentlichungen/

 © Frank & Timme Verlag für wissenschaftliche Literatur

BildungForschungKultur/Forschung/AusgabenEinnahmenPersonal 2140360097004,property=file.pdf, zuletzt geprüft am 11.11.2011.

Stegbauer, Christian (2008): "Raumzeitliche Struktur im Internet." In: *Aus Politik und Zeitgeschichte* (39), S. 3–9.

Stehr, Nico (2006): "Grenzenlose Wissenswelten?" In: Koch, Gertraud (Hg.): *Internationalisierung von Wissen. Multidisziplinäre Beiträge zu neuen Praxen des Wissenstransfers.* St. Ingbert: Röhrig, S. 27–58.

Stichweh, Rudolf (2003): "Genese des globalen Wissenschaftssystems." In: *Soziale Systeme* 9 (1), S. 3–26. Online verfügbar unter http://www.uni-bielefeld.de/soz/iw/pdf/Stichweh-Genese.pdf, zuletzt geprüft am 11.11.2011.

The Royal Society (2011): *Knowledge, Networks and Nations: Global scientific collaboration in the 21th century.* London: The Royal Society; Online verfügbar unter: http://royalsociety.org/uploadedFiles/Royal_Society_Content/Influencing_Policy/Reports/2011-03-28-Knowledge-networks-nations.pdf, zuletzt geprüft am 11.11.2011.

Thielsch, Meinald/ Weltzin, Simone (2009): "Online-Befragungen in der Praxis." In Brandenburg, Torsten/ Thielsch, Meinald (Hg.). *Praxis der Wirtschaftspsychologie: Themen und Fallbeispiele für Studium und Praxis.* Münster: Monsenstein und Vannerdat. S. 69–85 Online verfügbar unter: http://www.thielsch.org/ download/thielsch_2009_onlinebefragungen.pdf, zuletzt geprüft am 11.11.2011.

Thorin, Suzanne (2003): "Global Changes in Scholarly Communication." Presented at e-Workshops on Scholarly Communication in the Digital Era, Feng Chia University, Taichung, Taiwan. Online verfügbar unter http://www.arl.org/bm~doc/thorin.pdf, zuletzt geprüft am 11.11.2011.

Trabant, Jürgen (2000): "Umzug ins Englische. Über die Globalisierung des Englischen in den Wissenschaften." Berlin (*Philologie im Netz*, 13). Online verfügbar unter http://web.fu-berlin.de/phin/phin13/p13t5.htm, zuletzt geprüft am 11.11.2011.

Trump, Thilo/ Klingler, Walter/ Gerhards, Maria (2007): "'Web 2.0'. Begriffsdefinition und eine Analyse der Auswirkungen auf das allgemeine Mediennutzungsverhalten. Grundlagenstudie des Markt- und Medienforschungsinstitutes result in Zusammenarbeit mit der Medienforschung des Südwestrundfunks." (Hg.): result gmbh. Online verfügbar unter: http://www.result.de/wp-content/uploads/2009/10/web-2.0-studie_result_swr_februar_2007.pdf, zuletzt geprüft am 11.11.2011.

UNESCO (2010): *UNESCO Science Report 2010. The current Status of Science around the World.* Paris: UNESCO Publishing. Online verfügbar unter: http://unesdoc.unesco.org/ images/0018/001899/189958e.pdf, zuletzt geprüft am 11.11.2011.

Walker, Richard/ Hurt, Charlie Deuel (1990): *Scientific and technical literature. An introduction to forms of communication.* Chicago: American Library Association.

Weller, Katrin/ Mainz, Indra/ Paulsen, Ingo/ Mainz, Dominic (2007): "Semantisches und vernetztes Wissensmanagement für Forschung und Wissenschaft." In: Ball, Rafael (Hg.): *Wissenschaftskommunikation der Zukunft. 4. Konferenz der Zentralbibliothek Forschungszentrum Jülich.* Jülich: Forschungszentrum Jülich, S. 33–46.

Wieselberg, Lukas (2009): "Wissenschaft durch Internet effektiver gestalten. Social-Networking-Seite Researchgate", auf scienceORF.at, 17.08.2009, http://sciencev1.orf.at/news/156525.html, zuletzt geprüft am 11.11.2011

Zentes, Joachim/ Morschett Dirk (2003): "Kooperative Internationalisierungsstrategien." In: Holtbrügge, Dirk (Hg.): *Management multinationaler Unternehmungen. Festschrift zum 60. Geburtstag von Martin K. Welge.* Heidelberg: Physica-Verlag.

Zuccala, Alesia (2006): "Modelling the invisible college." In: *Journal of the American Society for Information Science and Technology,* 57 (2), S. 152–168. Online verfügbar unter http://individual.utoronto.ca/azuccala_web/ InvisibleCollege.pdf, zuletzt geprüft am 11.11.2011.

9 Anhang

9.1 E-Mail-Einladungen zur Onlinebefragung

9.1.1 Deutsche Version

Welchen Einfluss hat das Internet auf die internationale Wissenschaftskommunikation?

Von: **Kristin Voigt** <voigt_kristin@yahoo.de> Zu Kontakten hinzufügen
An: kristin2307@yahoo.de

Sehr geehrte Frau Kristin Voigt,

ich kontaktiere Sie im Rahmen einer Umfrage, welche an der Europa-Universität Viadrina in Frankfurt (Oder) und der Universität St. Kliment Ohridski in Sofia durchgeführt wird.

Diese Befragung untersucht, ob sich das Internet auf Ihr Kommunikationsverhalten mit internationalen Kollegen auswirkt und welche Veränderungen festzustellen sind. Neben deutschen werden auch bulgarische Wissenschaftler befragt, um mögliche nationale Unterschiede deutlich zu machen.
Die Beantwortung der Fragen dauert maximal 15 Minuten und Sie können Sie den Fragebogen wahlweise in den Sprachen Deutsch oder Englisch ausfüllen.

Mit dem folgenden Link gelangen Sie zur Online-Umfrage:

http://unipark.de/uc/survey_scholarly_communication/?code=9f48f83706b73653

Ihre Angaben werden natürlich anonym behandelt und dienen ausschließlich wissenschaftlichen Zwecken. Eine Teilnahme ist bis spätestens 26.07.2011 möglich.

Diese Befragung führe ich im Rahmen meiner Masterarbeit an den oben genannten Universitäten durch, betreut durch Herrn Prof. Dr. Christo Todorov. Die Antworten jedes Befragten sind wichtig und tragen zum Erfolg der Studie bei. Aus diesem Grund würde ich mich über eine Teilnahme Ihrerseits sehr freuen.

Bei Rückfragen stehe ich Ihnen gern unter meiner E-Mail-Adresse voigt_kristin@yahoo.de zur Verfügung.

Mit freundlichen Grüßen

Kristin Voigt

Dipl. Kff. Kristin Voigt
Ortrander Str. 8
04932 Gröden
Deutschland
voigt_kristin@yahoo.de

9.1.2 Bulgarische Version

Как влияе Интернет на международната научна комуникация?

Von: Kristin Voigt <voigt_kristin@yahoo.de> Zu Kontakten hinzufügen

An: kristin2307@yahoo.de

Уважаема г-жо Кристин Фогт,

Безпокоя Ви във връзка с анкета, която бива проведена между университета Виадрина във Франкфурт-Одер и СУ "Климент Охридски".

Тази анкета изследва дали Интернет оказва влияние върху Вашата комуникация с колеги на международно ниво и по какъв начин я променя. Редом с български, ще бъдат запитани и немски учени, за да станат ясни евентуалните национални разлики.

Отговорите на въпросите ще отнемат не повече от 15 минути, а въпросника можете да попълните по избор на немски или английски.

Чрез следния линк ще стигнете до он лайн анкетата:

http://unipark.de/uc/survey_scholarly_communication/?code=707f506e96e935aa

Вашите данни разбира се ще бъдат разгледани анонимно и имат за цел единствено научни цели. Участието е възможно до 26.07.2011.

Провеждам анкетата в рамките на своята магистърска програма в гореспоменатите университети с ръководител проф.д-р. Христо Тодоров. Отговорите на всеки един са много важни и допринасят за успеха на моето следване. По тази причина много държа на Вашето участие.

Ако имате въпроси, оставам на Ваше разположение на имейл адрес: voigt_kristin@yahoo.de

С уважение

Кристин Фогт

--
Кристин Фогт
Ул. Ортрандер 8
04932 Грюден
Германия
voigt_kristin@yahoo.de

© Frank & Timme Verlag für wissenschaftliche Literatur

9.2 Onlinebefragung – deutsche Version

St. Clement of Ohrid
University of Sofia

In which language do you want to fill in the questionnaire?

In welcher Sprache möchten Sie den Fragebogen ausfüllen?

- ○ Deutsch
- ○ English

Continue

Sehr geehrte/r Teilnehmer/in,

ich freue mich, Sie zu meiner Umfrage zur Relevanz des Internets in der internationalen Wissenschaftskommunikation begrüßen zu dürfen und danke Ihnen für Ihre Teilnahmebereitschaft.

Alle Ergebnisse der Befragung werden ausschließlich in anonymisierter Form dargestellt. Das bedeutet: Niemand kann aus den Ergebnissen erkennen, von welcher Person die Angaben gemacht worden sind. Lediglich wenn Sie Interesse an einer kurzen Zusammenfassung der Ergebnisse haben, können Sie am Ende der Befragung Ihre E-Mail-Adresse hinterlassen.

Bei Fragen stehe ich jederzeit gern unter meiner E-Mail-Adresse voigt_kristin@yahoo.de zur Verfügung.

Mit freundlichen Grüßen

Kristin Voigt

[Zurück] [Weiter]

Wie oft nutzen Sie das Internet?
(privat und beruflich)

- ○ täglich
- ○ mehrmals in der Woche
- ○ einmal pro Woche
- ○ einmal im Monat
- ○ seltener als einmal im Monat

[Zurück] [Weiter]

Seit welchem Jahr nutzen Sie ungefähr das Internet?
Bitte geben Sie die Jahreszahl 4-stellig an.

[Zurück] [Weiter]

Wofür nutzen Sie das Internet?

- Ich nutze das Internet hauptsächlich privat.
- Ich nutze das Internet hauptsächlich beruflich.
- Der Anteil an privater und beruflicher Nutzung ist bei mir ausgeglichen.

Zurück Weiter

Wie oft nutzen Sie die folgenden Anwendungen im Internet für Ihre wissenschaftliche Arbeit?

	täglich	mehrmals in der Woche	einmal pro Woche	einmal im Monat	weniger als einmal im Monat	nie	*diese Möglichkeit ist mir unbekannt*
E-Mail	◯	◯	◯	◯	◯	◯	◯
Diskussionsgruppen/Mailing-Listen	◯	◯	◯	◯	◯	◯	◯
Webkonferenz-Tools	◯	◯	◯	◯	◯	◯	◯
E-Papers (wissenschaftliche Online-Veröffentlichungen)	◯	◯	◯	◯	◯	◯	◯
Chat (z.B. Skype, MSN, ICQ)	◯	◯	◯	◯	◯	◯	◯

Zurück Weiter

Wie wichtig sind internationale Kontakte in Ihrer Disziplin?

- sehr wichtig
- eher wichtig
- weniger wichtig
- unwichtig
- *weiß nicht*

Zurück Weiter

Unterhalten Sie internationale Kontakte zu Wissenschaftlern?

- ja
- nein

Zurück Weiter

Was denken Sie? Was sind die Hauptgründe dafür, dass Sie keine internationalen Kontakte pflegen?

- Sprachbarrieren hindern mich daran.
- Nationale Kontakte genügen für meinen Forschungsbereich.
- Ich hatte noch keine Möglichkeit internationale Kontakte zu knüpfen.
- Sonstiges, und zwar...

Zurück Weiter

© Frank & Timme Verlag für wissenschaftliche Literatur

In welche Regionen unterhalten Sie wissenschaftliche Kontakte für Ihre Forschungsarbeit?
Mehrfachnennung ist möglich.

- ☐ Westeuropa
- ☐ Osteuropa/Südosteuropa
- ☐ Nordamerika
- ☐ Südamerika
- ☐ Asien
- ☐ Naher Osten
- ☐ Afrika
- ☐ Australien

[Zurück] [Weiter]

Wie oft nutzen Sie die folgenden Kommunikationsmöglichkeiten, um mit Ihren internationalen Kontakten zu kommunizieren?

	täglich	mehrmals in der Woche	einmal pro Woche	einmal im Monat	weniger als einmal im Monat	nie	*diese Möglichkeit ist mir unbekannt*
Persönlicher Besuch	○	○	○	○	○	○	○
Telefon	○	○	○	○	○	○	○
Brief/Fax	○	○	○	○	○	○	○
E-Mail	○	○	○	○	○	○	○
Webkonferenz-Tools	○	○	○	○	○	○	○
Diskussionsgruppen/Mailing-Listen	○	○	○	○	○	○	○
Chat (z.B. Skype, MSN, ICQ)	○	○	○	○	○	○	○

[Zurück] [Weiter]

Sind Sie in Communities angemeldet (z.B. Facebook, Xing, LinkedIn, ResearchGate etc.), die Sie für die wissenschaftliche Arbeit/für Ihre beruflichen Kontakte nutzen?
Gemeint sind alle Tätigkeiten, die sowohl direkt als auch indirekt Ihrem Arbeitsbereich zuzuschreiben sind. Dazu zählt auch jegliche Interaktion mit anderen Wissenschaftlern.

- ○ Ja, ich nutze Communities für meine Arbeit.
- ○ Nein, ich nutze keine Communities für meine Arbeit.
- ○ *Communities sind mir unbekannt.*

[Zurück] [Weiter]

Warum nutzen Sie keine Communities für Ihre Arbeit?
Mehrfachnennung ist möglich.

- ☐ Ich sehe keinen Nutzen für mich.
- ☐ Der Zeitaufwand ist mir zu hoch.
- ☐ Ich habe Bedenken hinsichtlich des Datenschutzes.
- ☐ Ich möchte nicht so viel über meine Person preisgeben.
- ☐ Ich kenne keine Communities, die für meine wissenschaftliche Arbeit nützlich sein könnten.
- ☐ Sprachliche Probleme hindern mich an der Partizipation (Fremdsprache/Fachsprache).
- ☐ Ich kenne die Wissenschaftler in diesen Communities nicht persönlich.
- ☐ Others, namely...

[Zurück] [Weiter]

Auch wenn Sie keine Communities für Ihre Arbeit nutzen, welche Vorteile bieten in Ihren Augen Communities im ALLGEMEINEN?
Mehrfachnennung ist möglich.

- ☐ Vielfältige Interaktionsmöglichkeiten.
- ☐ Den direkten Dialog mit anderen Personen.
- ☐ Die Möglichkeit, neue Kontakte zu knüpfen.
- ☐ Die Möglichkeit, auch mit weit entfernten Personen zu kommunizieren.
- ☐ Einfache Möglichkeiten zur Gruppenarbeit.
- ☐ Die Kommunikation kann in Communities sowohl synchron (z.B. via Chat) als auch asynchron (z.B. via Nachrichtensystem) verlaufen.
- ☐ Man kann seine eigene Person nach aussen hin leicht präsentieren (privat und beruflich).
- ☐ *Ich sehe keine Vorteile in der Nutzung von Communities.*

Zurück | Weiter

Bei welchen Communities sind Sie angemeldet?
Gemeint sind lediglich Communities, welche Sie für Ihre Arbeit nutzen. Bitte tragen Sie jede Community in ein seperates Feld ein.

Zurück | Weiter

Wie oft nutzen Sie diese Communitie/s?

- ○ täglich
- ○ mehrmals in der Woche
- ○ einmal pro Woche
- ○ einmal im Monat
- ○ weniger als einmal im Monat
- ○ nie

Zurück | Weiter

Was denken Sie, welche Vorteile bieten Communities im ALLGEMEINEN?
Mehrfachnennung ist möglich.

- ☐ vielfältige Interaktionsmöglichkeiten.
- ☐ den direkten Dialog mit anderen Personen.
- ☐ die Möglichkeit, neue Kontakte zu knüpfen.
- ☐ die Möglichkeit, mit weit entfernten Personen zu kommunizieren.
- ☐ einfache Möglichkeiten zur Gruppenarbeit.
- ☐ die Kommunikation kann in Communities sowohl synchron (z.B. via Chat) als auch asynchron (z.B. via Nachrichtenfunktion) verlaufen.
- ☐ man kann seine eigene Person nach aussen hin leicht präsentieren (privat und beruflich).
- ☐ *ich sehe keine Vorteile in der Nutzung von Communities.*

Zurück | Weiter

 © Frank & Timme Verlag für wissenschaftliche Literatur

Aus welchen Gründen nutzen Sie Communities für Ihre ARBEIT?

	stimme voll zu	stimme zu	stimme eher nicht zu	stimme überhaupt nicht zu	*weiß nicht*
Um neue **nationale** Kollegen kennenzulernen.					
Um neue **internationale** Kollegen kennenzulernen.					
Um mit meinen beruflichen Kontakten kommunizieren zu können.					
Um mich als Wissenschaftler fachlich darstellen zu können.					
Um mit Kollegen **des eigenen Instituts** kollaborativ arbeiten zu können.					
Um mit **weit entfernten** Kollegen kollaborativ arbeiten zu können.					
Um relevante Informationen zu meinem Forschungsbereich zu finden.					
Um meine Arbeit besser organisieren zu können.					
Aus Neugier, welche Funktionen diese Communities zu bieten haben.					
Sonstiges, und zwar...					

Zurück Weiter

Bitte bewerten Sie folgende Aussagen: Durch die Nutzung von Communities...

	stimme voll zu	stimme zu	stimme eher nicht zu	stimme überhaupt nicht zu	*weiß nicht*
... unterhalte ich mehr internationale Kontakte zu Wissenschaftlern.					
... haben sich meine Kontakte zu internationalen Wissenschaftlern intensiviert.					
... haben sich Kooperationen mit internationalen Wissenschaftlern ergeben.					
... habe ich das Gefühl, besser am internationalen Wissenschaftsdialog teilnehmen zu können.					
... fühle ich mich besser in die Scientific Community integriert.					
... kann ich mit Kollegen kommunizieren, egal an welchem Ort der Erde ich arbeite.					
... kann ich mit Kollegen Projekte durchführen, unabhängig in welchen Zeitzonen die Beteiligten arbeiten.					
... werden die Möglichkeiten zur sozialen Interaktion mit den Kollegen erweitert.					

Zurück Weiter

Wagen Sie einen Blick in die Zukunft. Was glauben Sie, nutzen Sie Communities für berufliche Zwecke in den kommenden Jahren...

- häufiger als heute?
- im gleichen Maße wie heute?
- weniger als heute?
- gar nicht mehr?
- *weiß nicht*

Zurück Weiter

Nutzen Sie wissenschaftliche Weblogs für Ihre Arbeit?

- Ja, ich nutze Weblogs für meine Arbeit.
- Nein, ich nutze keine Weblogs für meine Arbeit.
- *Weblogs sind mir unbekannt.*

Zurück Weiter

Warum nutzen Sie keine wissenschaftlichen Weblogs für Ihre Arbeit?
Mehrfachnennung ist möglich.

- ☐ Ich sehe keinen Nutzen für mich.
- ☐ Der Zeitaufwand ist mir zu hoch.
- ☐ Sprachliche Probleme hindern mich an der Partizipation (Fremdsprache/Fachsprache).
- ☐ Die Inhalte von wissenschaftlichen Weblogs sind fragwürdig.
- ☐ Weblogs schaden dem Image eines Wissenschaftlers.
- ☐ Weblogs bergen die Gefahr, zu früh Informationen über Forschungsergebnisse preis zu geben.
- ☐ Others, namely...

Zurück | Weiter

Auch wenn Sie keine Weblogs für Ihre Arbeit nutzen, welche Vorteile bieten in Ihren Augen Weblogs im ALLGEMEINEN?
Mehrfachnennung ist möglich.

- ☐ Einen interaktiven Dialog zwischen Produzent und Leser durch die Kommentarfunktion.
- ☐ Die Möglichkeit, auch mit weit entfernten Personen zu kommunizieren.
- ☐ Schnelle Informationsverbreitung/Aktualität.
- ☐ Ein vielfältiges Themenspektrum.
- ☐ Per RSS-Feed lassen sich neue Beiträge leicht im Auge behalten.
- ☐ Einfache Bedienung.
- ☐ *Ich sehe keine Vorteile in der Nutzung von Weblogs.*

Zurück | Weiter

Wie oft...

	täglich	**mehrmals in der Woche**	**einmal pro Woche**	**einmal im Monat**	**weniger als einmal im Monat**	**nie**
lesen Sie wissenschaftliche Weblogs?	○	○	○	○	○	○
kommentieren Sie Beiträge in wissenschaftlichen Weblogs?	○	○	○	○	○	○
veröffentlichen Sie Beiträge in Ihrem eigenen oder in einem gemeinschaftlichen, wissenschaftlichen Weblog?	○	○	○	○	○	○

Zurück | Weiter

Was denken Sie. Welche Vorteile bieten Weblogs im ALLGEMEINEN?
Mehrfachnennung ist möglich.

- ☐ Einen interaktiven Dialog zwischen Produzent und Leser durch die Kommentarfunktion.
- ☐ Die Möglichkeit, auch mit weit entfernten Personen zu kommunizieren.
- ☐ Schnelle Informationsverbreitung/Aktualität.
- ☐ Ein vielfältiges Themenspektrum.
- ☐ Per RSS-Feed lassen sich neue Beiträge leicht im Auge behalten.
- ☐ Einfache Bedienung.
- ☐ *Ich sehe keine Vorteile in der Nutzung von Weblogs.*

Zurück | Weiter

 © Frank & Timme Verlag für wissenschaftliche Literatur

Warum nutzen Sie wissenschaftliche Weblogs?

	stimme voll zu	stimme zu	stimme eher nicht zu	stimme überhaupt nicht zu	*weiß nicht*
Um mir Fachinformationen zu beschaffen.	○	○	○	○	○
Um neue Ideen für meine Arbeit zu bekommen.	○	○	○	○	○
Um in meinem Forschungsgebiet auf dem Laufenden zu bleiben.	○	○	○	○	○
Um Informationen von anderen Fachdisziplinen zu bekommen.	○	○	○	○	○
Um **nationale** Forschungskontakte zu knüpfen.	○	○	○	○	○
Um **internationale** Forschungskontakte zu knüpfen.	○	○	○	○	○
Um Diskussionen mit Kollegen zu bestimmten Fragestellungen zu führen.	○	○	○	○	○
Sonstiges, und zwar...	○	○	○	○	○

Zurück Weiter

Bitte bewerten Sie folgende Aussagen: Durch die Nutzung von wissenschaftlichen Weblogs...

	stimme voll zu	stimme zu	stimme eher nicht zu	stimme überhaupt nicht zu	*weiß nicht*
... unterhalte ich mehr internationale Kontakte zu Wissenschaftlern.	○	○	○	○	○
... haben sich meine Kontakte zu internationalen Wissenschaftlern intensiviert.	○	○	○	○	○
... haben sich Kooperationen mit internationalen Wissenschaftlern ergeben.	○	○	○	○	○
... habe ich das Gefühl, besser am internationalen Wissenschaftsdialog teilnehmen zu können.	○	○	○	○	○
... fühle ich mich besser in die Scientific Community integriert.	○	○	○	○	○
... kann ich mit Kollegen kommunizieren, egal an welchem Ort der Erde ich arbeite.	○	○	○	○	○
... werden die Möglichkeiten zur sozialen Interaktion mit den internationalen Kollegen erweitert.	○	○	○	○	○

Zurück Weiter

Wagen Sie einen Blick in die Zukunft. Was glauben Sie, nutzen Sie Weblogs für berufliche Zwecke in den kommenden Jahren...

○ häufiger als heute?
○ im gleichen Maße wie heute?
○ weniger als heute?
○ gar nicht mehr?
○ *weiß nicht*

Zurück Weiter

Sie sind...

○ männlich
○ weiblich

Zurück Weiter

In welchem Jahr sind Sie geboren?
Bitte geben Sie die Jahreszahl 4-stellig an.

[Zurück] [Weiter]

In welchem Land arbeiten Sie?

- Deutschland
- Bulgarien
- Sonstiges, und zwar...

[Zurück] [Weiter]

In Ihrer aktuellen Arbeit, welcher wissenschaftlichen Disziplin würden Sie sich selbst hauptsächlich zuordnen?
(z.B. Psychologie, Geschichte, Literaturwissenschaften)

[Zurück] [Weiter]

Seit wie vielen Jahren arbeiten Sie bereits in der Wissenschaft?

- weniger als 3 Jahren
- 3 - 10 Jahre
- 11 - 20 Jahre
- 21 - 30 Jahre
- mehr als 30 Jahre

[Zurück] [Weiter]

Welchen höchsten Status im Wissenschaftssystem haben Sie derzeit inne?

- Professor
- Habilitand/Juniorprofessor
- Doktor
- Doktorand
- Anderes, und zwar...

[Zurück] [Weiter]

© Frank & Timme Verlag für wissenschaftliche Literatur

In welchen Sprachen kommunizieren Sie für Ihre Tätigkeit als Wissenschaftler bzw. könnten Sie kommunizieren?
Bitte tragen Sie die einzelnen Sprachen jeweils in ein seperates Feld ein.

Zurück Weiter

Haben Sie Anmerkungen zum Fragebogen, die Sie mir mitteilen möchten?

Zurück Weiter

Wenn Sie Interesse an der Zusendung der Ergebnisse haben, tragen Sie bitte hier Ihre E-Mail-Adresse ein. Anderenfalls drücken Sie einfach den "weiter"-Button.

Zurück Weiter

Vielen Dank für Ihre Teilnahme. Sie haben die Befragung erfolgreich beendet. Sie können das Fenster nun schließen.

Fenster schließen

9.3 Restliche Ergebnisdarstellungen

9.3.1 Sozialstatistische Daten

Teilnehmeranteil nach Arbeitsort und Disziplin				
		Arbeitsort		
Disziplin		Deutschland	Bulgarien	Gesamt
Geisteswissenschaften	eingeladen	850	466	1316
		62,41%	80,21%	67,73%
	teilgenommen	114	80	194
		64,77%	79,21%	70,04%
Sozialwissenschaften	eingeladen	512	115	627
		37,59%	19,79%	32,27%
	teilgenommen	62	21	83
		35,23%	20,79%	29,96%
Gesamt	eingeladen	1.362	581	1.943
		70,10%	29,90%	100,00%
	teilgenommen	176	101	277
		63,54%	36,46%	100,00%

Geschlechteranteil nach Arbeitsort und Disziplin					
			Geschlecht		
Arbeitsort			männlich	weiblich	N
Deutschland		Geisteswissenschaften	53	61	114
			46,5%	53,5%	
		Sozialwissenschaften	44	18	62
			71,0%	29,0%	
	Gesamt		97	79	176
			55,1%	44,9%	
Bulgarien		Geisteswissenschaften	44	36	80
			55,0%	45,0%	
		Sozialwissenschaften	11	10	21
			52,4%	47,6%	
	Gesamt		55	46	101
			54,5%	45,5%	

© Frank & Timme Verlag für wissenschaftliche Literatur

9.3.2 Allgemeine Internetnutzung

Häufigkeit der Internetnutzung (mit Doktoranden)

Arbeitsort		Wie oft nutzen Sie das Internet? täglich	mehrmals in der Woche	einmal pro Woche	N
Deutschland	Geisteswissenschaften	106	6		112
		94,6%	5,4%		
	Sozialwissenschaften	60	2		62
		96,8%	3,2%		
	Gesamt	166	8		174
		95,4%	4,6%		
Bulgarien	Geisteswissenschaften	70	9	0	79
		88,6%	11,4%	0,0%	
	Sozialwissenschaften	19	0	1	20
		95,0%	0,0%	5,0%	
	Gesamt	89	9	1	99
		89,9%	9,1%	1,0%	

Häufigkeit der Internetnutzung (ohne Doktoranden)

Arbeitsort		Wie oft nutzen Sie das Internet? Täglich	mehrmals in der Woche	einmal pro Woche	N
Deutschland	Geisteswissenschaften	70	6		76
		92,1%	7,9%		
	Sozialwissenschaften	35	1		36
		97,2%	2,8%		
	Gesamt	105	7		112
		93,8%	6,3%		
Bulgarien	Geisteswissenschaften	66	9	0	75
		88,0%	12,0%	0,0%	
	Sozialwissenschaften	19	0	1	20
		95,0%	0,0%	5,0%	
	Gesamt	85	9	1	95
		89,5%	9,5%	1,1%	

Wofür nutzen Sie das Internet? (mit Doktoranden)						
			Gründe für die Internetnutzung			
Arbeitsort			hauptsächlich private Nutzung	hauptsächlich berufliche Nutzung	private/ berufliche Nutzung sind ausgeglichen	N
Deutschland		Geisteswissenschaften	1	43	69	113
			0,9%	38,1%	61,1%	
		Sozialwissenschaften	1	22	39	62
			1,6%	35,5%	62,9%	
	Gesamt		2	65	108	175
			1,1%	37,1%	61,7%	
Bulgarien		Geisteswissenschaften	2	23	54	79
			2,5%	29,1%	68,4%	
		Sozialwissenschaften	1	8	11	20
			5,0%	40,0%	55,0%	
	Gesamt		3	31	65	99
			3,0%	31,3%	65,7%	

Wofür nutzen Sie das Internet? (ohne Doktoranden)						
			Gründe für die Internetnutzung			
Arbeitsort			hauptsächlich private Nutzung	hauptsächlich berufliche Nutzung	private/ berufliche Nutzung sind ausgeglichen	N
Deutschland		Geisteswissenschaften	0	36	41	77
			0,0%	46,8%	53,2%	
		Sozialwissenschaften	1	18	17	36
			2,8%	50,0%	47,2%	
	Gesamt		1	54	58	113
			0,9%	47,8%	51,3%	
Bulgarien		Geisteswissenschaften	2	21	52	75
			2,7%	28,0%	69,3%	
		Sozialwissenschaften	1	8	11	20
			5,0%	40,0%	55,0%	
	Gesamt		3	29	63	95
			3,2%	30,5%	66,3%	

© Frank & Timme Verlag für wissenschaftliche Literatur

Wie oft nutzen Sie die folgenden Anwendungen für Ihre wissenschaftliche Arbeit?

Ort		Email-Nutzung (mit Doktoranden)							N
		täglich	mehrmals in der Woche	einmal pro Woche	einmal im Monat	weniger als einmal im Monat	nie	kenne ich nicht	
DE	Geistes-wissenschaften	103 91,2%	9 8,0%	1 0,9%					113
	Sozial-wissenschaften	57 91,9%	4 6,5%	1 1,6%					62
	Gesamt	160 91,4%	13 7,4%	2 1,1%					175
BG	Geistes-wissenschaften	59 74,7%	15 19,0%	2 2,5%	1 1,3%	1 1,3%	1 1,3%		79
	Sozial-wissenschaften	18 90,0%	1 5,0%	1 5,0%	0 0,0%	0 0,0%	0 0,0%		20
	Gesamt	77 77,8%	16 16,2%	3 3,0%	1 1,0%	1 1,0%	1 1,0%		99
Chi-Quadrat nach Pearson		Ländervergleich ,029			Disziplinenvergleich ,538				

Ort		Email-Nutzung (ohne Doktoranden)							N
		täglich	mehrmals in der Woche	einmal pro Woche	einmal im Monat	weniger als einmal im Monat	nie	kenne ich nicht	
DE	Geistes-wissenschaften	69 89,6%	7 9,1%	1 1,3%					77
	Sozial-wissenschaften	32 88,9%	3 8,3%	1 2,8%					36
	Gesamt	101 89,4%	10 8,8%	2 1,8%					113
BG	Geistes-wissenschaften	55 73,3%	15 20,0%	2 2,7%	1 1,3%	1 1,3%	1 1,3%		75
	Sozial-wissenschaften	18 90,0%	1 5,0%	1 5,0%	0 0,0%	0 0,0%	0 0,0%		20
	Gesamt	73 76,8%	16 16,8%	3 3,2%	1 1,1%	1 1,1%	1 1,1%		95
Chi-Quadrat nach Pearson		Ländervergleich ,180			Disziplinenvergleich ,610				

Ort		Nutzung Diskussionsgruppe/Mailing-Listen (mit Doktoranden)							N
		täglich	mehrmals in der Woche	einmal pro Woche	einmal im Monat	weniger als einmal im Monat	nie	kenne ich nicht	
DE	Geistes-wissenschaften	21	36	16	7	13	16		109
		19,3%	33,0%	14,7%	6,4%	11,9%	14,7%		
	Sozial-wissenschaften	9	6	14	8	8	17		62
		14,5%	9,7%	22,6%	12,9%	12,9%	27,4%		
	Gesamt	30	42	30	15	21	33		171
		17,5%	24,6%	17,5%	8,8%	12,3%	19,3%		
BG	Geistes-wissenschaften	13	14	14	7	11	13	2	74
		17,6%	18,9%	18,9%	9,5%	14,9%	17,6%	2,7%	
	Sozial-wissenschaften	3	5	1	3	3	3	1	19
		15,8%	26,3%	5,3%	15,8%	15,8%	15,8%	5,3%	
	Gesamt	16	19	15	10	14	16	3	93
		17,2%	20,4%	16,1%	10,8%	15,1%	17,2%	3,2%	
Chi-Quadrat nach Pearson		Ländervergleich		,342	Disziplinenvergleich		,139		

Ort		Nutzung Diskussionsgruppe/Mailing-Listen (ohne Doktoranden)							N
		täglich	mehrmals in der Woche	einmal pro Woche	einmal im Monat	weniger als einmal im Monat	nie	kenne ich nicht	
DE	Geistes-wissenschaften	15	22	10	4	8	14		73
		20,5%	30,1%	13,7%	5,5%	11,0%	19,2%		
	Sozial-wissenschaften	4	2	6	5	5	14		36
		11,1%	5,6%	16,7%	13,9%	13,9%	38,9%		
	Gesamt	19	24	16	9	13	28		109
		17,4%	22,0%	14,7%	8,3%	11,9%	25,7%		
BG	Geistes-wissenschaften	13	12	14	7	11	12	2	71
		18,3%	16,9%	19,7%	9,9%	15,5%	16,9%	2,8%	
	Sozial-wissenschaften	3	5	1	3	3	3	1	19
		15,8%	26,3%	5,3%	15,8%	15,8%	15,8%	5,3%	
	Gesamt	16	17	15	10	14	15	3	90
		17,8%	18,9%	16,7%	11,1%	15,6%	16,7%	3,3%	
Chi-Quadrat nach Pearson		Ländervergleich		,344	Disziplinenvergleich		,183		

Ort		Nutzung Web-Konferenz-Tools (mit Doktoranden)							N
		täglich	mehrmals in der Woche	einmal pro Woche	einmal im Monat	weniger als einmal im Monat	nie	kenne ich nicht	
DE	Geistes-wissenschaften	1	3	4	11	25	56	8	108
		0,9%	2,8%	3,7%	10,2%	23,1%	51,9%	7,4%	
	Sozial-wissenschaften	0	2	2	6	21	27	3	61
		0,0%	3,3%	3,3%	9,8%	34,4%	44,3%	4,9%	
	Gesamt	1	5	6	17	46	83	11	169
		0,6%	3,0%	3,6%	10,1%	27,2%	49,1%	6,5%	
BG	Geistes-wissenschaften	3	4	2	8	28	19	4	68
		4,4%	5,9%	2,9%	11,8%	41,2%	27,9%	5,9%	
	Sozial-wissenschaften	0	0	2	2	6	7	2	19
		0,0%	0,0%	10,5%	10,5%	31,6%	36,8%	10,5%	
	Gesamt	3	4	4	10	34	26	6	87
		3,4%	4,6%	4,6%	11,5%	39,1%	29,9%	6,9%	
Chi-Quadrat nach Pearson		Ländervergleich	,080		Disziplinenvergleich	,832			

© Frank & Timme Verlag für wissenschaftliche Literatur

Ort		Nutzung Web-Konferenz-Tools (ohne Doktoranden)							N
		täglich	mehrmals in der Woche	einmal pro Woche	einmal im Monat	weniger als einmal im Monat	nie	kenne ich nicht	
DE	Geistes-wissenschaften		2	3	11	15	35	7	73
			2,7%	4,1%	15,1%	20,5%	47,9%	9,6%	
	Sozial-wissenschaften		1	2	2	13	16	2	36
			2,8%	5,6%	5,6%	36,1%	44,4%	5,6%	
	Gesamt		3	5	13	28	51	9	109
			2,8%	4,6%	11,9%	25,7%	46,8%	8,3%	
BG	Geistes-wissenschaften	3	3	2	7	27	19	4	65
		4,6%	4,6%	3,1%	10,8%	41,5%	29,2%	6,2%	
	Sozial-wissenschaften	0	0	2	2	6	7	2	19
		0,0%	0,0%	10,5%	10,5%	31,6%	36,8%	10,5%	
	Gesamt	3	3	4	9	33	26	6	84
		3,6%	3,6%	4,8%	10,7%	39,3%	31,0%	7,1%	
Chi-Quadrat nach Pearson		Ländervergleich		,129	Disziplinenvergleich		,652		

Ort		Nutzung E-Papers (mit Doktoranden)							N
		täglich	mehrmals in der Woche	einmal pro Woche	einmal im Monat	weniger als einmal im Monat	nie	kenne ich nicht	
DE	Geistes-wissenschaften	12	25	26	18	15	14	0	110
		10,9%	22,7%	23,6%	16,4%	13,6%	12,7%	0,0%	
	Sozial-wissenschaften	8	28	8	3	6	8	1	62
		12,9%	45,2%	12,9%	4,8%	9,7%	12,9%	1,6%	
	Gesamt	20	53	34	21	21	22	1	172
		11,6%	30,8%	19,8%	12,2%	12,2%	12,8%	0,6%	
BG	Geistes-wissenschaften	10	35	16	10	6	0		77
		13,0%	45,5%	20,8%	13,0%	7,8%	0,0%		
	Sozial-wissenschaften	5	6	3	2	2	2		20
		25,0%	30,0%	15,0%	10,0%	10,0%	10,0%		
	Gesamt	15	41	19	12	8	2		97
		15,5%	42,3%	19,6%	12,4%	8,2%	2,1%		
Chi-Quadrat nach Pearson		Ländervergleich		,052	Disziplinenvergleich		,062		

Ort		Nutzung E-Papers (ohne Doktoranden)							N
		täglich	mehrmals in der Woche	einmal pro Woche	einmal im Monat	weniger als einmal im Monat	nie	kenne ich nicht	
DE	Geistes-wissenschaften	8	14	18	13	12	9	0	74
		10,8%	18,9%	24,3%	17,6%	16,2%	12,2%	0,0%	
	Sozial-wissenschaften	3	17	3	1	5	6	1	36
		8,3%	47,2%	8,3%	2,8%	13,9%	16,7%	2,8%	
	Gesamt	11	31	21	14	17	15	1	110
		10,0%	28,2%	19,1%	12,7%	15,5%	13,6%	0,9%	
BG	Geistes-wissenschaften	9	34	15	10	6	0		74
		12,2%	45,9%	20,3%	13,5%	8,1%	0,0%		
	Sozial-wissenschaften	5	6	3	2	2	2		20
		25,0%	30,0%	15,0%	10,0%	10,0%	10,0%		
	Gesamt	14	40	18	12	8	2		94
		14,9%	42,6%	19,1%	12,8%	8,5%	2,1%		
Chi-Quadrat nach Pearson		Ländervergleich		,021	Disziplinenvergleich		,040		

Ort		Chat-Nutzung (mit Doktoranden)							N
		täglich	mehrmals in der Woche	einmal pro Woche	einmal im Monat	weniger als einmal im Monat	nie	kenne ich nicht	
DE	Geistes-wissenschaften	8	17	9	12	13	49		108
		7,4%	15,7%	8,3%	11,1%	12,0%	45,4%		
	Sozial-wissenschaften	13	15	4	2	6	20		60
		21,7%	25,0%	6,7%	3,3%	10,0%	33,3%		
	Gesamt	21	32	13	14	19	69		168
		12,5%	19,0%	7,7%	8,3%	11,3%	41,1%		
BG	Geistes-wissenschaften	14	17	8	6	14	13	1	73
		19,2%	23,3%	11,0%	8,2%	19,2%	17,8%	1,4%	
	Sozial-wissenschaften	2	1	2	3	6	4	0	18
		11,1%	5,6%	11,1%	16,7%	33,3%	22,2%	0,0%	
	Gesamt	16	18	10	9	20	17	1	91
		17,6%	19,8%	11,0%	9,9%	22,0%	18,7%	1,1%	
Chi-Quadrat nach Pearson		Ländervergleich		,090	Disziplinenvergleich		,734		

Ort		Chat-Nutzung (ohne Doktoranden)							N
		täglich	mehrmals in der Woche	einmal pro Woche	einmal im Monat	weniger als einmal im Monat	nie	kenne ich nicht	
DE	Geistes-wissenschaften	5	10	8	7	7	35		72
		6,9%	13,9%	11,1%	9,7%	9,7%	48,6%		
	Sozial-wissenschaften	3	9	2	1	5	15		35
		8,6%	25,7%	5,7%	2,9%	14,3%	42,9%		
	Gesamt	8	19	10	8	12	50		107
		7,5%	17,8%	9,3%	7,5%	11,2%	46,7%		
BG	Geistes-wissenschaften	13	15	8	6	14	12	1	69
		18,8%	21,7%	11,6%	8,7%	20,3%	17,4%	1,4%	
	Sozial-wissenschaften	2	1	2	3	6	4	0	18
		11,1%	5,6%	11,1%	16,7%	33,3%	22,2%	0,0%	
	Gesamt	15	16	10	9	20	16	1	87
		17,2%	18,4%	11,5%	10,3%	23,0%	18,4%	1,1%	
Chi-Quadrat nach Pearson		Ländervergleich		,002	Disziplinenvergleich		,890		

© Frank & Timme Verlag für wissenschaftliche Literatur

9.3.3 Relevanz internationaler Kontakte

Wie wichtig sind internationale Kontakte für Ihre Arbeit? (mit Doktoranden)							
		Wichtigkeit internationaler Kontakte				
Arbeitsort		sehr wichtig	eher wichtig	weniger wichtig	un-wichtig	N
Deutschland	Geisteswissenschaften	60	40	13	0	113
		53,1%	35,4%	11,5%	0,0%	
	Sozialwissenschaften	32	19	9	2	62
		51,6%	30,6%	14,5%	3,2%	
	Gesamt	92	59	22	2	175
		52,6%	33,7%	12,6%	1,1%	
Bulgarien	Geisteswissenschaften	47	28	4		79
		59,5%	35,4%	5,1%		
	Sozialwissenschaften	10	9	1		20
		50,0%	45,0%	5,0%		
	Gesamt	57	37	5		99
		57,6%	37,4%	5,1%		
Chi-Quadrat nach Pearson	Ländervergleich	,152				
	Disziplinenvergleich	,134				

Wie wichtig sind internationale Kontakte für Ihre Arbeit? (ohne Doktoranden)						
		Wichtigkeit internationaler Kontakte				
Arbeitsort		sehr wichtig	eher wichtig	weniger wichtig	un-wichtig	N
Deutschland	Geisteswissenschaften	43	28	6	0	77
		55,8%	36,4%	7,8%	0,0%	
	Sozialwissenschaften	20	11	4	1	36
		55,6%	30,6%	11,1%	2,8%	
	Gesamt	63	39	10	1	113
		55,8%	34,5%	8,8%	0,9%	
Bulgarien	Geisteswissenschaften	45	28	2		75
		60,0%	37,3%	2,7%		
	Sozialwissenschaften	10	9	1		20
		50,0%	45,0%	5,0%		
	Gesamt	55	37	3		95
		57,9%	38,9%	3,2%		
Chi-Quadrat nach Pearson	Ländervergleich	,280				
	Disziplinenvergleich	,291				

Haben Sie internationale Kontakte? (mit Doktoranden)				
		Int. Kontakte		
Arbeitsort		Ja	Nein	N
Deutschland	Geisteswissenschaften	101	13	114
		88,6%	11,4%	
	Sozialwissenschaften	52	10	62
		83,9%	16,1%	
	Gesamt	153	23	176
		86,9%	13,1%	
Bulgarien	Geisteswissenschaften	75	5	80
		93,8%	6,3%	
	Sozialwissenschaften	18	3	21
		85,7%	14,3%	
	Gesamt	93	8	101
		92,1%	7,9%	
Chi-Quadrat nach Pearson	Ländervergleich	,191		
	Disziplinenvergleich	,123		

Haben Sie internationale Kontakte? (ohne Doktoranden)				
		Int. Kontakte		
Arbeitsort		Ja	Nein	N
Deutschland	Geisteswissenschaften	76	2	78
		97,4%	2,6%	
	Sozialwissenschaften	33	3	36
		91,7%	8,3%	
	Gesamt	109	5	114
		95,6%	4,4%	
Bulgarien	Geisteswissenschaften	73	3	76
		96,1%	3,9%	
	Sozialwissenschaften	18	3	21
		85,7%	14,3%	
	Gesamt	91	6	97
		93,8%	6,2%	
Chi-Quadrat nach Pearson	Ländervergleich	,558		
	Disziplinenvergleich	,035		

In welche Regionen pflegen Sie internationale Kontakte (ohne Doktoranden)										
		Regionen der internationalen Kontakte								
Ort		West-europa	Ost-/ Südost-Europa	Nord-amerika	Süd-amerika	Asien	Naher Osten	Afrika	Australien	N
DE	GeWi	68	35	47	8	13	6	5	16	76
		89,5%	46,1%	61,8%	10,5%	17,1%	7,9%	6,6%	21,1%	
	SoWi	28	19	20	7	10	7	6	9	32
		87,5%	59,4%	62,5%	21,9%	31,3%	21,9%	18,8%	28,1%	
	Gesamt	96	54	67	15	23	13	11	25	108
		88,9%	50,0%	62,0%	13,9%	21,3%	12,0%	10,2%	23,1%	
BG	GeWi	67	59	38	1	7	6	3	6	73
		91,8%	80,8%	52,1%	1,4%	9,6%	8,2%	4,1%	8,2%	
	SoWi	16	16	7	2	5	2	0	3	18
		88,9%	88,9%	38,9%	11,1%	27,8%	11,1%	0,0%	16,7%	
	Gesamt	83	75	45	3	12	8	3	9	91
		91,2%	82,4%	49,5%	3,3%	13,2%	8,8%	3,3%	9,9%	

 © Frank & Timme Verlag für wissenschaftliche Literatur

9.3.4 Community-Nutzung

Community-Nutzung nach Land und Disziplin (mit Doktoranden)						
		Nutzen Sie SNS für Ihre wissenschaftliche Arbeit?			
Arbeitsort			Ja	Nein	SNS sind mir unbekannt	N
Deutschland		Geisteswissenschaften	33	67	1	101
			32,7%	66,3%	1,0%	
		Sozialwissenschaften	17	34	1	52
			32,7%	65,4%	1,9%	
	Gesamt		50	101	2	153
			32,7%	66,0%	1,3%	
Bulgarien		Geisteswissenschaften	30	44	1	75
			40,0%	58,7%	1,3%	
		Sozialwissenschaften	7	11	0	18
			38,9%	61,1%	0,0%	
	Gesamt		37	55	1	93
			39,8%	59,1%	1,1%	
Chi-Quadrat nach Pearson		Ländervergleich	,527			
		Disziplinenvergleich	,961			

Community-Nutzung nach Land und Disziplin (ohne Doktoranden)						
		Nutzen Sie SNS für Ihre wissenschaftliche Arbeit?			
Arbeitsort			Ja	Nein	SNS sind mir unbekannt	N
Deutschland		Geisteswissenschaften	23	52	1	76
			30,3%	68,4%	1,3%	
		Sozialwissenschaften	6	26	1	33
			18,2%	78,8%	3,0%	
	Gesamt		29	78	2	109
			26,6%	71,6%	1,8%	
Bulgarien		Geisteswissenschaften	29	43	1	73
			39,7%	58,9%	1,4%	
		Sozialwissenschaften	7	11	0	18
			38,9%	61,1%	0,0%	
	Gesamt		36	54	1	91
			39,6%	59,3%	1,1%	
Chi-Quadrat nach Pearson		Ländervergleich	,145			
		Disziplinenvergleich	,455			

Genutzte Communities (ohne Doktoranden)									
		Welche Communities nutzen Sie für Ihre wissenschaftliche Arbeit?							
Ort		Facebook	LinkedIn	Xing	Academia.edu	ResearchGate	Twitter	Sonst.	N
DE	GeWi	14	6	3	4			9	21
		66,7%	28,6%	14,3%	19,0%			42,9%	
	SoWi	4	2	4	0			2	7
		57,1%	28,6%	57,1%	0,0%			28,6%	
	Gesamt	18	8	7	4			11	28
		64,29%	28,57%	25,00%	14,29%			39,29%	
BG	GeWi	24	14		3	1	1	11	29
		82,8%	48,3%		10,3%	3,4%	3,4%	37,9%	
	SoWi	3	5		1	0	1	0	7
		42,9%	71,4%		14,3%	0,0%	14,3%	0,0%	
	Gesamt	27	19		4	1	2	11	36
		75,00%	52,78%		11,11%	2,78%	5,56%	30,56%	

Regelmäßigkeit der Community-Nutzung (mit Doktoranden)									
			Wie oft nutzen Sie diese Communities?						
Ort			täglich	mehrmals pro Woche	einmal pro Woche	einmal pro Monat	weniger als einmal pro Monat	nie	N
DE		Geisteswissenschaften	10	7	8	4	3	1	33
			30,3%	21,2%	24,2%	12,1%	9,1%	3,0%	
		Sozialwissenschaften	6	5	4	2	1	0	18
			33,3%	27,8%	22,2%	11,1%	5,6%	0,0%	
	Gesamt		16	12	12	6	4	1	51
			31,4%	23,5%	23,5%	11,8%	7,8%	2,0%	
BG		Geisteswissenschaften	7	12	7	1	3		30
			23,3%	40,0%	23,3%	3,3%	10,0%		
		Sozialwissenschaften	2	2	0	1	2		7
			28,6%	28,6%	0,0%	14,3%	28,6%		
	Gesamt		9	14	7	2	5		37
			24,3%	37,8%	18,9%	5,4%	13,5%		
Chi-Quadrat nach Pearson		Ländervergleich	,490						
		Disziplinenvergleich	,911						

© Frank & Timme Verlag für wissenschaftliche Literatur

Regelmäßigkeit der Community-Nutzung (ohne Doktoranden)								
		Wie oft nutzen Sie diese Communities?						
Ort		täglich	mehrmals pro Woche	einmal pro Woche	einmal pro Monat	weniger als einmal pro Monat	nie	N
DE	Geisteswissenschaften	7	6	5	2	2	1	23
		30,4%	26,1%	21,7%	8,7%	8,7%	4,3%	
	Sozialwissenschaften	0	2	2	2	1	0	7
		0,0%	28,6%	28,6%	28,6%	14,3%	0,0%	
Gesamt		7	8	7	4	3	1	30
		23,3%	26,7%	23,3%	13,3%	10,0%	3,3%	
BG	Geisteswissenschaften	7	11	7	1	3		29
		24,1%	37,9%	24,1%	3,4%	10,3%		
	Sozialwissenschaften	2	2	0	1	2		7
		28,6%	28,6%	0,0%	14,3%	28,6%		
Gesamt		9	13	7	2	5		36
		25,0%	36,1%	19,4%	5,6%	13,9%		
Chi-Quadrat nach Pearson	Ländervergleich	,687						
	Disziplinenvergleich	,336						

Vorteile Communitynutzung nach Land und Disziplin (mit Doktoranden)										
		Welche Vorteile sehen Sie in der Nutzung von Communities?								
Ort		Vielfältige Interaktionsmöglichkeiten	Direkter Dialog	Möglichkeit neue Kontakte zu knüpfen	Kommunikation mit weit entfernten Personen	einfach Gruppenarbeit möglich	Gleichzeitig synchrone/ asynchrone Kommunikation	Präsentation der eigenen Persönlichkeit	Ich sehe keine Vorteile	N
DE	GeWi	20	17	18	28	9	11	16	1	33
		60,6%	51,5%	54,5%	84,8%	27,3%	33,3%	48,5%	3,0%	
	SoWi	10	8	9	13	5	3	9	1	18
		55,6%	44,4%	50,0%	72,2%	27,8%	16,7%	50,0%	5,6%	
Gesamt		30	25	27	41	14	14	25	2	51
		58,8%	49,0%	52,9%	80,4%	27,5%	27,5%	49,0%	3,9%	
BG	GeWi	22	19	12	24	16	10	9	1	30
		73,3%	63,3%	40,0%	80,0%	53,3%	33,3%	30,0%	3,3%	
	SoWi	4	1	2	1	0	2	2	1	7
		57,1%	14,3%	28,6%	14,3%	0,0%	28,6%	28,6%	14,3%	
Gesamt		26	20	14	25	16	12	11	2	37
		70,3%	54,1%	37,8%	67,6%	43,2%	32,4%	29,7%	5,4%	
		Chi-Quadrat nach Pearson								
Ländervergleich		,271	,641	,161	,170	,123	,613	,069	,741	
Disziplinenvergleich		,462	,074	,759	,010	,079	,216	,710	,327	

Vorteile Communitynutzung nach Land und Disziplin (ohne Doktoranden)										
		Welche Vorteile sehen Sie in der Nutzung von Communities?								
Ort		Vielfältige Interaktionsmöglichkeiten	Direkter Dialog	Möglichkeit neue Kontakte zu knüpfen	Kommunikation mit weit entfernten Personen	einfach Gruppenarbeit möglich	Gleichzeitig synchrone/asynchrone Kommunikation	Präsentation der eigenen Persönlichkeit	Ich sehe keine Vorteile	N
DE	GeWi	16	9	12	18	5	5	11	1	23
		69,6%	39,1%	52,2%	78,3%	21,7%	21,7%	47,8%	4,3%	
	SoWi	3	1	2	4	2	0	3	1	7
		42,9%	14,3%	28,6%	57,1%	28,6%	0,0%	42,9%	14,3%	
	Gesamt	19	10	14	22	7	5	14	2	30
		63,33%	33,33%	46,67%	73,33%	23,33%	16,67%	46,67%	6,67%	
BG	GeWi	21	18	12	23	15	10	9	1	29
		72,4%	62,1%	41,4%	79,3%	51,7%	34,5%	31,0%	3,4%	
	SoWi	4	1	2	1	0	2	2	1	7
		57,1%	14,3%	28,6%	14,3%	0,0%	28,6%	28,6%	14,3%	
	Gesamt	25	19	14	24	15	12	11	2	36
		69,44%	52,78%	38,89%	66,67%	41,67%	33,33%	30,56%	5,56%	
		Chi-Quadrat nach Pearson								
Ländervergleich		,600	,113	,524	,557	,116	,123	,179	,510	
Disziplinenvergleich		,136	,012	,237	,002	,089	,269	,851	,146	

© Frank & Timme Verlag für wissenschaftliche Literatur

Warum nutzen Sie Communities für Ihre Arbeit?

Arbeitsort		Um neue nationale Kollegen kennenzulernen. (mit Doktoranden) Stimme voll zu	stimme zu	stimme eher nicht zu	stimme überhaupt nicht zu	weiß nicht	N
Deutschland	Geistes-wissenschaften	5 16,7%	10 33,3%	8 26,7%	5 16,7%	2 6,7%	30
	Sozial-wissenschaften	2 12,5%	7 43,8%	5 31,3%	1 6,3%	1 6,3%	16
	Gesamt	7 15,2%	17 37,0%	13 28,3%	6 13,0%	3 6,5%	46
Bulgarien	Geistes-wissenschaften	8 27,6%	15 51,7%	5 17,2%		1 3,4%	29
	Sozial-wissenschaften	1 16,7%	3 50,0%	2 33,3%		0 0,0%	6
	Gesamt	9 25,7%	18 51,4%	7 20,0%		1 2,9%	35
Chi-Quadrat nach Pearson	Ländervergleich	,102					
	Disziplinenvergleich	,814					

Arbeitsort		Um neue nationale Kollegen kennenzulernen. (ohne Doktoranden) Stimme voll zu	stimme zu	stimme eher nicht zu	stimme überhaupt nicht zu	weiß nicht	N
Deutschland	Geistes-wissenschaften	2 9,5%	6 28,6%	8 38,1%	3 14,3%	2 9,5%	21
	Sozial-wissenschaften	1 16,7%	2 33,3%	2 33,3%	1 16,7%	0 0,0%	6
	Gesamt	3 11,1%	8 29,6%	10 37,0%	4 14,8%	2 7,4%	27
Bulgarien	Geistes-wissenschaften	8 28,6%	14 50,0%	5 17,9%		1 3,6%	28
	Sozial-wissenschaften	1 16,7%	3 50,0%	2 33,3%		0 0,0%	6
	Gesamt	9 26,5%	17 50,0%	7 20,6%		1 2,9%	34
Chi-Quadrat nach Pearson	Ländervergleich	,034					
	Disziplinenvergleich	,904					

itsort		Um neue internationale Kollegen kennenzulernen. (mit Doktoranden) Stimme voll zu	stimme zu	stimme eher nicht zu	stimme überhaupt nicht zu	weiß nicht	N
Deutschland	Geistes-wissenschaften	9 30,0%	11 36,7%	3 10,0%	5 16,7%	2 6,7%	30
	Sozial-wissenschaften	2 12,5%	5 31,3%	7 43,8%	1 6,3%	1 6,3%	16
	Gesamt	11 23,9%	16 34,8%	10 21,7%	6 13,0%	3 6,5%	46
Bulgarien	Geistes-wissenschaften	7 24,1%	16 55,2%	5 17,2%		1 3,4%	29
	Sozial-wissenschaften	1 20,0%	4 80,0%	0 0,0%		0 0,0%	5
	Gesamt	8 23,5%	20 58,8%	5 14,7%		1 2,9%	34
Chi-Quadrat nach Pearson	Ländervergleich	,930					
	Disziplinenvergleich	,328					

Arbeitsort		Um neue internationale Kollegen kennenzulernen. (ohne Doktoranden) Stimme voll zu	stimme zu	stimme eher nicht zu	stimme überhaupt nicht zu	weiß nicht	N
Deutschland	Geistes-wissenschaften	6 28,6%	7 33,3%	3 14,3%	3 14,3%	2 9,5%	21
	Sozial-wissenschaften	1 16,7%	1 16,7%	3 50,0%	1 16,7%	0 0,0%	6
	Gesamt	7 25,9%	8 29,6%	6 22,2%	4 14,8%	2 7,4%	27
Bulgarien	Geistes-wissenschaften	7 25,0%	15 53,6%	5 17,9%		1 3,6%	28
	Sozial-wissenschaften	1 20,0%	4 80,0%	0 0,0%		0 0,0%	5
	Gesamt	8 24,2%	19 57,6%	5 15,2%		1 3,0%	33
Chi-Quadrat nach Pearson	Ländervergleich	0,076					
	Disziplinenvergleich	0,803					

© Frank & Timme Verlag für wissenschaftliche Literatur

Arbeitsort		Um mit Kollegen des eigenen Instituts kollaborativ arbeiten zu können. (mit Doktoranden) Stimme voll zu	stimme zu	stimme eher nicht zu	stimme überhaupt nicht zu	weiß nicht	N
Deutschland	Geistes-wissenschaften	0 0,0%	4 13,3%	9 30,0%	15 50,0%	2 6,7%	30
	Sozial-wissenschaften	2 13,3%	2 13,3%	4 26,7%	6 40,0%	1 6,7%	15
	Gesamt	2 4,4%	6 13,3%	13 28,9%	21 46,7%	3 6,7%	45
Bulgarien	Geistes-wissenschaften	7 24,1%	12 41,4%	6 20,7%	4 13,8%		29
	Sozial-wissenschaften	0 0,0%	1 20,0%	4 80,0%	0 0,0%		5
	Gesamt	7 20,6%	13 38,2%	10 29,4%	4 11,8%		34
Chi-Quadrat nach Pearson	Ländervergleich	,001					
	Disziplinenvergleich	,704					

Arbeitsort		Um mit Kollegen des eigenen Instituts kollaborativ arbeiten zu können. (ohne Doktoranden) Stimme voll zu	stimme zu	stimme eher nicht zu	stimme überhaupt nicht zu	weiß nicht	N
Deutschland	Geistes-wissenschaften	0 0,0%	1 4,8%	6 28,6%	12 57,1%	2 9,5%	21
	Sozial-wissenschaften	1 20,0%	0 0,0%	1 20,0%	3 60,0%	0 0,0%	5
	Gesamt	1 3,8%	1 3,8%	7 26,9%	15 57,7%	2 7,7%	26
Bulgarien	Geistes-wissenschaften	6 21,4%	12 42,9%	6 21,4%	4 14,3%		28
	Sozial-wissenschaften	0 0,0%	1 20,0%	4 80,0%	0 0,0%		5
	Gesamt	6 18,2%	13 39,4%	10 30,3%	4 12,1%		33
Chi-Quadrat nach Pearson	Ländervergleich	,000					
	Disziplinenvergleich	,510					

Arbeitsort		Um mit weit entfernten Kollegen kollaborativ arbeiten zu können. (mit Doktoranden) Stimme voll zu	stimme zu	stimme eher nicht zu	stimme überhaupt nicht zu	weiß nicht	N
Deutschland	Geistes-wissenschaften	4 12,5%	17 53,1%	6 18,8%	3 9,4%	2 6,3%	32
	Sozial-wissenschaften	3 18,8%	5 31,3%	5 31,3%	2 12,5%	1 6,3%	16
	Gesamt	7 14,6%	22 45,8%	11 22,9%	5 10,4%	3 6,3%	48
Bulgarien	Geistes-wissenschaften	8 27,6%	20 69,0%			1 3,4%	29
	Sozial-wissenschaften	1 20,0%	4 80,0%			0 0,0%	5
	Gesamt	9 26,5%	24 70,6%			1 2,9%	34
Chi-Quadrat nach Pearson	Ländervergleich	,004					
	Disziplinenvergleich	,448					

Arbeitsort		Um mit weit entfernten Kollegen kollaborativ arbeiten zu können. (ohne Doktoranden) Stimme voll zu	stimme zu	stimme eher nicht zu	stimme überhaupt nicht zu	weiß nicht	N
Deutschland	Geistes-wissenschaften	2 9,1%	12 54,5%	4 18,2%	2 9,1%	2 9,1%	22
	Sozial-wissenschaften	2 33,3%	2 33,3%	2 33,3%	0 0,0%	0 0,0%	6
	Gesamt	4 14,3%	14 50,0%	6 21,4%	2 7,1%	2 7,1%	28
Bulgarien	Geistes-wissenschaften	8 28,6%	19 67,9%			1 3,6%	28
	Sozial-wissenschaften	1 20,0%	4 80,0%			0 0,0%	5
	Gesamt	9 27,3%	23 69,7%			1 3,0%	33
Chi-Quadrat nach Pearson	Ländervergleich	,017					
	Disziplinenvergleich	,670					

© Frank & Timme Verlag für wissenschaftliche Literatur

Arbeitsort		Um relevante Informationen zu meinem Forschungsbereich zu finden. (mit Doktoranden) Stimme voll zu	stimme zu	stimme eher nicht zu	stimme überhaupt nicht zu	weiß nicht	N
Deutschland	Geistes-wissenschaften	3 9,7%	12 38,7%	6 19,4%	9 29,0%	1 3,2%	31
	Sozial-wissenschaften	1 6,3%	8 50,0%	3 18,8%	3 18,8%	1 6,3%	16
	Gesamt	4 8,5%	20 42,6%	9 19,1%	12 25,5%	2 4,3%	47
Bulgarien	Geistes-wissenschaften	12 41,4%	10 34,5%	7 24,1%			29
	Sozial-wissenschaften	1 16,7%	3 50,0%	2 33,3%			6
	Gesamt	13 37,1%	13 37,1%	9 25,7%			35
Chi-Quadrat nach Pearson	Ländervergleich	,001					
	Disziplinenvergleich	,517					

Arbeitsort		Um relevante Informationen zu meinem Forschungsbereich zu finden. (ohne Doktoranden) Stimme voll zu	stimme zu	stimme eher nicht zu	stimme überhaupt nicht zu	weiß nicht	N
Deutschland	Geistes-wissenschaften	2 9,1%	9 40,9%	5 22,7%	5 22,7%	1 4,5%	22
	Sozial-wissenschaften	0 0,0%	4 66,7%	0 0,0%	2 33,3%	0 0,0%	6
	Gesamt	2 7,1%	13 46,4%	5 17,9%	7 25,0%	1 3,6%	28
Bulgarien	Geistes-wissenschaften	12 42,9%	10 35,7%	6 21,4%			28
	Sozial-wissenschaften	1 16,7%	3 50,0%	2 33,3%			6
	Gesamt	13 38,2%	13 38,2%	8 23,5%			34
Chi-Quadrat nach Pearson	Ländervergleich	,003					
	Disziplinenvergleich	,516					

rbeitsort		Aus Neugier, welche Funktionen diese SNS zu bieten haben. (mit Doktoranden) Stimme voll zu	stimme zu	stimme eher nicht zu	stimme überhaupt nicht zu	weiß nicht	N
Deutschland	Geistes-wissenschaften	2 6,5%	12 38,7%	8 25,8%	7 22,6%	2 6,5%	31
	Sozial-wissenschaften	1 6,7%	8 53,3%	2 13,3%	3 20,0%	1 6,7%	15
	Gesamt	3 6,5%	20 43,5%	10 21,7%	10 21,7%	3 6,5%	46
Bulgarien	Geistes-wissenschaften	3 10,3%	10 34,5%	13 44,8%	2 6,9%	1 3,4%	29
	Sozial-wissenschaften	0 0,0%	3 75,0%	1 25,0%	0 0,0%	0 0,0%	4
	Gesamt	3 9,1%	13 39,4%	14 42,4%	2 6,1%	1 3,0%	33
Chi-Quadrat nach Pearson	Ländervergleich	,163					
	Disziplinenvergleich	,478					

Arbeitsort		Aus Neugier, welche Funktionen diese SNS zu bieten haben. (ohne Doktoranden) Stimme voll zu	stimme zu	stimme eher nicht zu	stimme überhaupt nicht zu	weiß nicht	N
Deutschland	Geistes-wissenschaften	1 4,5%	9 40,9%	5 22,7%	5 22,7%	2 9,1%	22
	Sozial-wissenschaften	1 20,0%	2 40,0%	0 0,0%	2 40,0%	0 0,0%	5
	Gesamt	2 7,4%	11 40,7%	5 18,5%	7 25,9%	2 7,4%	27
Bulgarien	Geistes-wissenschaften	3 10,7%	9 32,1%	13 46,4%	2 7,1%	1 3,6%	28
	Sozial-wissenschaften	0 0,0%	3 75,0%	1 25,0%	0 0,0%	0 0,0%	4
	Gesamt	3 9,4%	12 37,5%	14 43,8%	2 6,3%	1 3,1%	32
Chi-Quadrat nach Pearson	Ländervergleich	,123					
	Disziplinenvergleich	,528					

© Frank & Timme Verlag für wissenschaftliche Literatur

Durch die Nutzung von Communities…

Arbeitsort		… unterhalte ich mehr internationale Kontakte zu Wissenschaftlern. (mit Doktoranden)					N
		Stimme voll zu	stimme zu	stimme eher nicht zu	stimme überhaupt nicht zu	weiß nicht	
Deutschland	Geisteswissenschaften	6	13	8	3	2	32
		18,8%	40,6%	25,0%	9,4%	6,3%	
	Sozialwissenschaften	1	10	4	1	1	17
		5,9%	58,8%	23,5%	5,9%	5,9%	
	Gesamt	7	23	12	4	3	49
		14,3%	46,9%	24,5%	8,2%	6,1%	
Bulgarien	Geisteswissenschaften	8	18	3		1	30
		26,7%	60,0%	10,0%		3,3%	
	Sozialwissenschaften	2	0	3		0	5
		40,0%	0,0%	60,0%		0,0%	
	Gesamt	10	18	6		1	35
		28,6%	51,4%	17,1%		2,9%	
Chi-Quadrat nach Pearson	Ländervergleich	,201					
	Disziplinenvergleich	,696					

Arbeitsort		… unterhalte ich mehr internationale Kontakte zu Wissenschaftlern. (ohne Doktoranden)					N
		Stimme voll zu	stimme zu	stimme eher nicht zu	stimme überhaupt nicht zu	weiß nicht	
Deutschland	Geisteswissenschaften	5	8	5	3	1	22
		22,7%	36,4%	22,7%	13,6%	4,5%	
	Sozialwissenschaften	0	3	2	0	1	6
		0,0%	50,0%	33,3%	0,0%	16,7%	
	Gesamt	5	11	7	3	2	28
		17,9%	39,3%	25,0%	10,7%	7,1%	
Bulgarien	Geisteswissenschaften	8	17	3		1	29
		27,6%	58,6%	10,3%		3,4%	
	Sozialwissenschaften	2	0	3		0	5
		40,0%	0,0%	60,0%		0,0%	
	Gesamt	10	17	6		1	34
		29,4%	50,0%	17,6%		2,9%	
Chi-Quadrat nach Pearson	Ländervergleich	,212					
	Disziplinenvergleich	,190					

Arbeitsort		...haben sich meine Kontakte zu internat. Wissenschaftlern intensiviert. (mit Doktoranden)					N
		Stimme voll zu	stimme zu	stimme eher nicht zu	stimme überhaupt nicht zu	weiß nicht	
Deutschland	Geisteswissenschaften	5	13	7	5	1	31
		16,1%	41,9%	22,6%	16,1%	3,2%	
	Sozialwissenschaften	2	7	5	2	1	17
		11,8%	41,2%	29,4%	11,8%	5,9%	
	Gesamt	7	20	12	7	2	48
		14,6%	41,7%	25,0%	14,6%	4,2%	
Bulgarien	Geisteswissenschaften	7	19	2	1	1	30
		23,3%	63,3%	6,7%	3,3%	3,3%	
	Sozialwissenschaften	1	1	3	0	0	5
		20,0%	20,0%	60,0%	0,0%	0,0%	
	Gesamt	8	20	5	1	1	35
		22,9%	57,1%	14,3%	2,9%	2,9%	
Chi-Quadrat nach Pearson	Ländervergleich	,207					
	Disziplinenvergleich	,291					

Arbeitsort		... haben sich meine Kontakte zu intern. Wissenschaftlern intensiviert. (ohne Doktoranden)					N
		Stimme voll zu	stimme zu	stimme eher nicht zu	stimme überhaupt nicht zu	weiß nicht	
Deutschland	Geisteswissenschaften	1	6	10	4	1	22
		4,5%	27,3%	45,5%	18,2%	4,5%	
	Sozialwissenschaften	0	2	2	1	1	6
		0,0%	33,3%	33,3%	16,7%	16,7%	
	Gesamt	1	8	12	5	2	28
		3,6%	28,6%	42,9%	17,9%	7,1%	
Bulgarien	Geisteswissenschaften	5	13	6	1	4	29
		17,2%	44,8%	20,7%	3,4%	13,8%	
	Sozialwissenschaften	1	1	3	0	0	5
		20,0%	20,0%	60,0%	0,0%	0,0%	
	Gesamt	6	14	9	1	4	34
		17,6%	41,2%	26,5%	2,9%	11,8%	
Chi-Quadrat nach Pearson	Ländervergleich	,176					
	Disziplinenvergleich	,182					

 © Frank & Timme Verlag für wissenschaftliche Literatur

Arbeitsort		... haben sich Kooperationen mit internat. Wissenschaftlern ergeben. (mit Doktoranden)					N
		Stimme voll zu	stimme zu	stimme eher nicht zu	stimme überhaupt nicht zu	weiß nicht	
Deutschland	Geisteswissenschaften	1	8	15	6	1	31
		3,2%	25,8%	48,4%	19,4%	3,2%	
	Sozialwissenschaften	0	3	10	3	1	17
		0,0%	17,6%	58,8%	17,6%	5,9%	
	Gesamt	1	11	25	9	2	48
		2,1%	22,9%	52,1%	18,8%	4,2%	
Bulgarien	Geisteswissenschaften	5	14	6	1	4	30
		16,7%	46,7%	20,0%	3,3%	13,3%	
	Sozialwissenschaften	1	1	3	0	0	5
		20,0%	20,0%	60,0%	0,0%	0,0%	
	Gesamt	6	15	9	1	4	35
		17,1%	42,9%	25,7%	2,9%	11,4%	
Chi-Quadrat nach Pearson	Ländervergleich	,002					
	Disziplinenvergleich	,293					

Arbeitsort		... haben sich Kooperationen mit internat. Wissenschaftlern ergeben. (ohne Doktoranden)					N
		Stimme voll zu	stimme zu	stimme eher nicht zu	stimme überhaupt nicht zu	weiß nicht	
Deutschland	Geisteswissenschaften	1	6	10	4	1	22
		4,5%	27,3%	45,5%	18,2%	4,5%	
	Sozialwissenschaften	0	2	2	1	1	6
		0,0%	33,3%	33,3%	16,7%	16,7%	
	Gesamt	1	8	12	5	2	28
		3,6%	28,6%	42,9%	17,9%	7,1%	
Bulgarien	Geisteswissenschaften	5	13	6	1	4	29
		17,2%	44,8%	20,7%	3,4%	13,8%	
	Sozialwissenschaften	1	1	3	0	0	5
		20,0%	20,0%	60,0%	0,0%	0,0%	
	Gesamt	6	14	9	1	4	34
		17,6%	41,2%	26,5%	2,9%	11,8%	
Chi-Quadrat nach Pearson	Ländervergleich	,076					
	Disziplinenvergleich	,932					

Arbeitsort		... habe ich das Gefühl, besser am internationalen Wissenschaftsdialog teilnehmen zu können. (mit Doktoranden) Stimme voll zu	stimme zu	stimme eher nicht zu	stimme überhaupt nicht zu	weiß nicht	N
Deutschland	Geisteswissenschaften		17	9	4	1	31
			54,8%	29,0%	12,9%	3,2%	
	Sozialwissenschaften		7	7	3	0	17
			41,2%	41,2%	17,6%	0,0%	
	Gesamt		24	16	7	1	48
			50,0%	33,3%	14,6%	2,1%	
Bulgarien	Geisteswissenschaften	5	16	7		2	30
		16,7%	53,3%	23,3%		6,7%	
	Sozialwissenschaften	1	2	2		0	5
		20,0%	40,0%	40,0%		0,0%	
	Gesamt	6	18	9		2	35
		17,1%	51,4%	25,7%		5,7%	
Chi-Quadrat nach Pearson	Ländervergleich	,006					
	Disziplinenvergleich	,399					

Arbeitsort		... habe ich das Gefühl, besser am internationalen Wissenschaftsdialog teilnehmen zu können. (ohne Doktoranden) Stimme voll zu	stimme zu	stimme eher nicht zu	stimme überhaupt nicht zu	weiß nicht	N
Deutschland	Geisteswissenschaften		10	7	4	1	22
			45,5%	31,8%	18,2%	4,5%	
	Sozialwissenschaften		3	2	1	0	6
			50,0%	33,3%	16,7%	0,0%	
	Gesamt		13	9	5	1	28
			46,4%	32,1%	17,9%	3,6%	
Bulgarien	Geisteswissenschaften	5	15	7		2	29
		17,2%	51,7%	24,1%		6,9%	
	Sozialwissenschaften	1	2	2		0	5
		20,0%	40,0%	40,0%		0,0%	
	Gesamt	6	17	9		2	34
		17,6%	50,0%	26,5%		5,9%	
Chi-Quadrat nach Pearson	Ländervergleich	,022					
	Disziplinenvergleich	,919					

© Frank & Timme Verlag für wissenschaftliche Literatur

Arbeitsort		... fühle ich mich besser in die Scientific Community integriert. (mit Doktoranden) Stimme voll zu	stimme zu	stimme eher nicht zu	stimme überhaupt nicht zu	weiß nicht	N
Deutschland	Geisteswissenschaften	1	13	13	4	1	32
		3,1%	40,6%	40,6%	12,5%	3,1%	
	Sozialwissenschaften	1	7	6	3	0	17
		5,9%	41,2%	35,3%	17,6%	0,0%	
	Gesamt	2	20	19	7	1	49
		4,1%	40,8%	38,8%	14,3%	2,0%	
Bulgarien	Geisteswissenschaften	6	16	5		3	30
		20,0%	53,3%	16,7%		10,0%	
	Sozialwissenschaften	1	1	3		0	5
		20,0%	20,0%	60,0%		0,0%	
	Gesamt	7	17	8		3	35
		20,0%	48,6%	22,9%		8,6%	
Chi-Quadrat nach Pearson	Ländervergleich	,009					
	Disziplinenvergleich	,461					

Arbeitsort		... fühle ich mich besser in die Scientific Community integriert. (ohne Doktoranden) Stimme voll zu	stimme zu	stimme eher nicht zu	stimme überhaupt nicht zu	weiß nicht	N
Deutschland	Geisteswissenschaften	0	8	10	4	1	23
		0,0%	34,8%	43,5%	17,4%	4,3%	
	Sozialwissenschaften	1	3	1	1	0	6
		16,7%	50,0%	16,7%	16,7%	0,0%	
	Gesamt	1	11	11	5	1	29
		3,4%	37,9%	37,9%	17,2%	3,4%	
Bulgarien	Geisteswissenschaften	6	15	5		3	29
		20,7%	51,7%	17,2%		10,3%	
	Sozialwissenschaften	1	1	3		0	5
		20,0%	20,0%	60,0%		0,0%	
	Gesamt	7	16	8		3	34
		20,6%	47,1%	23,5%		8,8%	
Chi-Quadrat nach Pearson	Ländervergleich	,021					
	Disziplinenvergleich	,829					

Arbeitsort		... kann ich mit Kollegen kommunizieren, egal an welchem Ort der Erde ich arbeite. (mit Doktoranden)					N
		Stimme voll zu	stimme zu	stimme eher nicht zu	stimme überhaupt nicht zu	weiß nicht	
Deutschland	Geisteswissenschaften	8	16	4	3	2	33
		24,2%	48,5%	12,1%	9,1%	6,1%	
	Sozialwissenschaften	6	8	3	0	0	17
		35,3%	47,1%	17,6%	0,0%	0,0%	
	Gesamt	14	24	7	3	2	50
		28,0%	48,0%	14,0%	6,0%	4,0%	
Bulgarien	Geisteswissenschaften	12	16	1		1	30
		40,0%	53,3%	3,3%		3,3%	
	Sozialwissenschaften	1	4	0		0	5
		20,0%	80,0%	0,0%		0,0%	
	Gesamt	13	20	1		1	35
		37,1%	57,1%	2,9%		2,9%	
Chi-Quadrat nach Pearson	Ländervergleich	,217					
	Disziplinenvergleich	,609					

Arbeitsort		... kann ich mit Kollegen kommunizieren, egal an welchem Ort der Erde ich arbeite. (ohne Doktoranden)					N
		Stimme voll zu	stimme zu	stimme eher nicht zu	stimme überhaupt nicht zu	weiß nicht	
Deutschland	Geisteswissenschaften	5	9	4	3	2	23
		21,7%	39,1%	17,4%	13,0%	8,7%	
	Sozialwissenschaften	2	4	0	0	0	6
		33,3%	66,7%	0,0%	0,0%	0,0%	
	Gesamt	7	13	4	3	2	29
		24,1%	44,8%	13,8%	10,3%	6,9%	
Bulgarien	Geisteswissenschaften	11	16	1		1	29
		37,9%	55,2%	3,4%		3,4%	
	Sozialwissenschaften	1	4	0		0	5
		20,0%	80,0%	0,0%		0,0%	
	Gesamt	12	20	1		1	34
		35,3%	58,8%	2,9%		2,9%	
Chi-Quadrat nach Pearson	Ländervergleich	,108					
	Disziplinenvergleich	,491					

© Frank & Timme Verlag für wissenschaftliche Literatur

Arbeitsort		... kann ich mit Kollegen Projekte durchführen, unabhängig in welchen Zeitzonen die Beteiligten arbeiten. (mit Doktoranden)					N
		Stimme voll zu	stimme zu	stimme eher nicht zu	stimme überhaupt nicht zu	weiß nicht	
Deutschland	Geisteswissenschaften	2	8	13	4	4	31
		6,5%	25,8%	41,9%	12,9%	12,9%	
	Sozialwissenschaften	2	6	6	1	1	16
		12,5%	37,5%	37,5%	6,3%	6,3%	
	Gesamt	4	14	19	5	5	47
		8,5%	29,8%	40,4%	10,6%	10,6%	
Bulgarien	Geisteswissenschaften	7	19	3		1	30
		23,3%	63,3%	10,0%		3,3%	
	Sozialwissenschaften	1	2	2		0	5
		20,0%	40,0%	40,0%		0,0%	
	Gesamt	8	21	5		1	35
		22,9%	60,0%	14,3%		2,9%	
Chi-Quadrat nach Pearson	Ländervergleich	,002					
	Disziplinenvergleich	,874					

Arbeitsort		... kann ich mit Kollegen Projekte durchführen, unabhängig in welchen Zeitzonen die Beteiligten arbeiten. (ohne Doktoranden)					N
		Stimme voll zu	stimme zu	stimme eher nicht zu	stimme überhaupt nicht zu	weiß nicht	
Deutschland	Geisteswissenschaften	2	5	8	4	3	22
		9,1%	22,7%	36,4%	18,2%	13,6%	
	Sozialwissenschaften	0	4	2	0	0	6
		0,0%	66,7%	33,3%	0,0%	0,0%	
	Gesamt	2	9	10	4	3	28
		7,1%	32,1%	35,7%	14,3%	10,7%	
Bulgarien	Geisteswissenschaften	6	19	3		1	29
		20,7%	65,5%	10,3%		3,4%	
	Sozialwissenschaften	1	2	2		0	5
		20,0%	40,0%	40,0%		0,0%	
	Gesamt	7	21	5		1	34
		20,6%	61,8%	14,7%		2,9%	
Chi-Quadrat nach Pearson	Ländervergleich	,008					
	Disziplinenvergleich	,571					

Arbeitsort		... werden die Möglichkeiten zur sozialen Interaktion mit Kollegen erweitert. (mit Doktoranden)					N
		Stimme voll zu	stimme zu	stimme eher nicht zu	stimme überhaupt nicht zu	weiß nicht	
Deutschland	Geisteswissenschaften	2	19	7	2	1	31
		6,5%	61,3%	22,6%	6,5%	3,2%	
	Sozialwissenschaften	3	8	5	1	0	17
		17,6%	47,1%	29,4%	5,9%	0,0%	
	Gesamt	5	27	12	3	1	48
		10,4%	56,3%	25,0%	6,3%	2,1%	
Bulgarien	Geisteswissenschaften	7	21	1		1	30
		23,3%	70,0%	3,3%		3,3%	
	Sozialwissenschaften	1	3	1		0	5
		20,0%	60,0%	20,0%		0,0%	
	Gesamt	8	24	2		1	35
		22,9%	68,6%	5,7%		2,9%	
Chi-Quadrat nach Pearson	Ländervergleich	,056					
	Disziplinenvergleich	,482					

Arbeitsort		... werden die Möglichkeiten zur sozialen Interaktion mit den Kollegen erweitert. (ohne Doktoranden)					N
		Stimme voll zu	stimme zu	stimme eher nicht zu	stimme überhaupt nicht zu	weiß nicht	
Deutschland	Geisteswissenschaften	2	12	5	2	1	22
		9,1%	54,5%	22,7%	9,1%	4,5%	
	Sozialwissenschaften	0	4	2	0	0	6
		0,0%	66,7%	33,3%	0,0%	0,0%	
	Gesamt	2	16	7	2	1	28
		7,1%	57,1%	25,0%	7,1%	3,6%	
Bulgarien	Geisteswissenschaften	6	21	1		1	29
		20,7%	72,4%	3,4%		3,4%	
	Sozialwissenschaften	1	3	1		0	5
		20,0%	60,0%	20,0%		0,0%	
	Gesamt	7	24	2		1	34
		20,6%	70,6%	5,9%		2,9%	
Chi-Quadrat nach Pearson	Ländervergleich	,070					
	Disziplinenvergleich	,621					

© Frank & Timme Verlag für wissenschaftliche Literatur

Gründe für die Nichtnutzung nach Land und Disziplin (ohne Doktoranden)										
		Warum nutzen Sie keine Communities für Ihre wissenschaftliche Arbeit?								
Ort		Nutzen nicht erkennbar	Hoher Zeitaufwand	Bedenken zum Datenschutz	Starker Einblick in die Persönlichkeit	kenne keine SNS für die Arbeit	Sprachprobleme	keine persönlichen Kontakte in SNS	Andere Gründe	N
DE	GeWi	29	20	33	26	27	0	4	3	51
		56,9%	39,2%	64,7%	51,0%	52,9%	0,0%	7,8%	5,9%	
	SoWi	16	16	12	10	7	1	1	2	25
		64,0%	64,0%	48,0%	40,0%	28,0%	4,0%	4,0%	8,0%	
	Gesamt	45	36	45	36	34	1	5	5	76
		59,2%	47,4%	59,2%	47,4%	44,7%	1,3%	6,6%	6,6%	
BG	GeWi	13	20	10	9	14	1	8	3	41
		31,7%	48,8%	24,4%	22,0%	34,1%	2,4%	19,5%	7,3%	
	SoWi	7	6	3	3	3	3	1	0	11
		63,6%	54,5%	27,3%	27,3%	27,3%	27,3%	9,1%	0,0%	
	Gesamt	20	26	13	12	17	4	9	3	52
		38,5%	50,0%	25,0%	23,1%	32,7%	7,7%	17,3%	5,8%	
		Chi-Quadrat nach Pearson								
Ländervergleich		,020	,821	,000	,005	,160	,070	,060	,840	
Disziplinenvergleich		,064	,073	,623	,855	,087	,008	,226	,844	

9.3.5 Weblog-Nutzung

Blognutzung (mit Doktoranden)						
			Nutzen Sie Weblogs für Ihre Arbeit?			
Arbeitsort			Ja	Nein	Kenne keine Weblogs	N
Deutschland		Geisteswissenschaften	24	60	17	101
			23,8%	59,4%	16,8%	
		Sozialwissenschaften	7	42	3	52
			13,5%	80,8%	5,8%	
	Gesamt		31	102	20	153
			20,3%	66,7%	13,1%	
Bulgarien		Geisteswissenschaften	33	41	1	75
			44,0%	54,7%	1,3%	
		Sozialwissenschaften	5	13	0	18
			27,8%	72,2%	0,0%	
	Gesamt		38	54	1	93
			40,9%	58,1%	1,1%	
Chi-Quadrat nach Pearson		Ländervergleich	,000			
		Disziplinenvergleich	,008			

Blognutzung (ohne Doktoranden)						
			Nutzen Sie Weblogs für Ihre Arbeit?			
Arbeitsort			Ja	Nein	Kenne keine Blogs	N
Deutschland		Geisteswissenschaften	15	47	14	76
			19,7%	61,8%	18,4%	
		Sozialwissenschaften	6	25	2	33
			18,2%	75,8%	6,1%	
	Gesamt		21	72	16	109
			19,3%	66,1%	14,7%	
Bulgarien		Geisteswissenschaften	32	40	1	73
			43,8%	54,8%	1,4%	
		Sozialwissenschaften	5	13	0	18
			27,8%	72,2%	0,0%	
	Gesamt		37	53	1	91
			40,7%	58,2%	1,1%	
Chi-Quadrat nach Pearson		Ländervergleich	,000			
		Disziplinenvergleich	,102			

© Frank & Timme Verlag für wissenschaftliche Literatur

Lesen von Weblogs (mit Doktoranden)								
		Wie oft lesen Sie wissenschaftliche Weblogs?						
Arbeitsort		täglich	mehrmals pro Woche	einmal pro Woche	einmal pro Monat	weniger als einmal pro Monat	N
Deutschland	Geistes-wissenschaften	0 0,0%	14 58,3%	6 25,0%	2 8,3%	2 8,3%	24
	Sozial-wissenschaften	2 28,6%	3 42,9%	0 0,0%	1 14,3%	1 14,3%	7
	Gesamt	2 6,5%	17 54,8%	6 19,4%	3 9,7%	3 9,7%	31
Bulgarien	Geistes-wissenschaften	6 18,2%	7 21,2%	13 39,4%	5 15,2%	2 6,1%	33
	Sozial-wissenschaften	0 0,0%	2 40,0%	1 20,0%	2 40,0%	0 0,0%	5
	Gesamt	6 15,8%	9 23,7%	14 36,8%	7 18,4%	2 5,3%	38
Chi-Quadrat nach Pearson	Ländervergleich	,179					
	Disziplinenvergleich	,387					

Lesen von Weblogs (ohne Doktoranden)							
		Wie oft lesen Sie wissenschaftliche Weblogs?					
Arbeitsort		täglich	mehrmals pro Wo-che	einmal pro Woche	einmal pro Monat	weniger als einmal pro Monat	N
Deutschland	Geistes-wissenschaften	0 0,0%	8 53,3%	5 33,3%	0 0,0%	2 13,3%	15
	Sozial-wissenschaften	2 33,3%	2 33,3%	0 0,0%	1 16,7%	1 16,7%	6
	Gesamt	2 9,5%	10 47,6%	5 23,8%	1 4,8%	3 14,3%	21
Bulgarien	Geistes-wissenschaften	6 18,8%	7 21,9%	12 37,5%	5 15,6%	2 6,3%	32
	Sozial-wissenschaften	0 0,0%	2 40,0%	1 20,0%	2 40,0%	0 0,0%	5
	Gesamt	6 16,2%	9 24,3%	13 35,1%	7 18,9%	2 5,4%	37
Chi-Quadrat nach Pearson	Ländervergleich	,065					
	Disziplinenvergleich	,455					

Kommentieren von Weblogs (mit Doktoranden)							
		Wie oft kommentieren Sie Beiträge in Weblogs?					
Arbeitsort		mehrmals pro Woche	einmal pro Woche	einmal pro Monat	weniger als einmal pro Monat	nie	N
Deutschland	Geistes-wissenschaften	0 0,0%	2 8,3%	5 20,8%	9 37,5%	8 33,3%	24
	Sozial-wissenschften	1 14,3%	0 0,0%	0 0,0%	2 28,6%	4 57,1%	7
	Gesamt	1 3,2%	2 6,5%	5 16,1%	11 35,5%	12 38,7%	31
Bulgarien	Geistes-wissenschaften	0 0,0%	5 16,7%	7 23,3%	11 36,7%	7 23,3%	30
	Sozial-wissenschften	1 20,0%	1 20,0%	0 0,0%	2 40,0%	1 20,0%	5
	Gesamt	1 2,9%	6 17,1%	7 20,0%	13 37,1%	8 22,9%	35
Chi-Quadrat nach Pearson	Ländervergleich		0,546				
	Disziplinenvergleich		0,014				

Kommentieren in Weblogs (ohne Doktoranden)							
		Wie oft kommentieren Sie Beiträge in Weblogs?					
Arbeitsort		mehrmals pro Woche	einmal pro Woche	einmal pro Monat	weniger als einmal pro Monat	nie	N
Deutschland	Geistes-wissenschaften	0 0,0%	2 13,3%	4 26,7%	5 33,3%	4 26,7%	15
	Sozial-wissenschaften	1 16,7%	0 0,0%	0 0,0%	2 33,3%	3 50,0%	6
	Gesamt	1 4,8%	2 9,5%	4 19,0%	7 33,3%	7 33,3%	21
Bulgarien	Geistes-wissenschaften	0 0,0%	5 17,2%	7 24,1%	10 34,5%	7 24,1%	29
	Sozial-wissenschaften	1 20,0%	1 20,0%	0 0,0%	2 40,0%	1 20,0%	5
	Gesamt	1 2,9%	6 17,6%	7 20,6%	12 35,3%	8 23,5%	34
Chi-Quadrat nach Pearson	Ländervergleich		,879				
	Disziplinenvergleich		,022				

© Frank & Timme Verlag für wissenschaftliche Literatur

Schreiben von Beiträgen in Weblogs (mit Doktoranden)

Arbeitsort		Wie oft veröffentlichen Sie Beiträge in wissenschaftlichen Weblogs?						N
		täglich	mehrmals pro Woche	einmal pro Woche	einmal pro Monat	weniger als einmal pro Monat	nie	
Deutschland	Geistes-wissenschaften	1	0		8	7	7	23
		4,3%	0,0%		34,8%	30,4%	30,4%	
	Sozial-wissenschaften	0	2		0	0	5	7
		0,0%	28,6%		0,0%	0,0%	71,4%	
	Gesamt	1	2		8	7	12	30
		3,3%	6,7%		26,7%	23,3%	40,0%	
Bulgarien	Geistes-wissenschaften		0	1	7	13	8	29
			0,0%	3,4%	24,1%	44,8%	27,6%	
	Sozial-wissenschaften		1	2	0	1	1	5
			20,0%	40,0%	0,0%	20,0%	20,0%	
	Gesamt		1	3	7	14	9	34
			2,9%	8,8%	20,6%	41,2%	26,5%	
Chi-Quadrat nach Pearson	Ländervergleich		,225					
	Disziplinenvergleich		,000					

Schreiben von Beiträgen in Weblogs (ohne Doktoranden)

Arbeitsort		Wie oft veröffentlichen Sie Beiträge in wissenschaftlichen Weblog?						N
		täglich	mehrmals pro Woche	einmal pro Woche	einmal pro Monat	weniger als einmal pro Monat	nie	
Deutschland	Geistes-wissenschaften	1	0		4	5	4	14
		7,1%	0,0%		28,6%	35,7%	28,6%	
	Sozial-wissenschaften	0	2		0	0	4	6
		0,0%	33,3%		0,0%	0,0%	66,7%	
	Gesamt	1	2		4	5	8	20
		5,0%	10,0%		20,0%	25,0%	40,0%	
Bulgarien	Geistes-wissenschaften		0	1	7	12	8	28
			0,0%	3,6%	25,0%	42,9%	28,6%	
	Sozial-wissenschaften		1	2	0	1	1	5
			20,0%	40,0%	0,0%	20,0%	20,0%	
	Gesamt		1	3	7	13	9	33
			3,0%	9,1%	21,2%	39,4%	27,3%	
Chi-Quadrat nach Pearson	Ländervergleich		,313					
	Disziplinenvergleich		,001					

Vorteile Weblog-Nutzung nach Land und Disziplin (mit Doktoranden)

Ort		Welche Vorteile sehen Sie in der Nutzung von Communities?: Interaktiver Dialog durch die Kommentar-funktion	Kommunikation mit weit entfernten Personen	Schnelle Informations-verbreitung/ Aktualität	Vielfältiges Themenspektrum	Alle Beiträge im Blick durch den RSS-Feed	Einfache Bedienung	Keine Vorteile	N
DE	Geistes-wissenschaften	19	14	21	13	10	10		24
		79,2%	58,3%	87,5%	54,2%	41,7%	41,7%		
	Sozial-wissenschaften	4	2	7	3	1	1		7
		57,1%	28,6%	100,0%	42,9%	14,3%	14,3%		
Gesamt		23	16	28	16	11	11		31
		74,2%	51,6%	90,3%	51,6%	35,5%	35,5%		
BG	Geistes-wissenschaften	19	17	25	20	11	9	1	33
		57,6%	51,5%	75,8%	60,6%	33,3%	27,3%	3,0%	
	Sozial-wissenschaften	1	2	2	3	1	1	0	5
		20,0%	40,0%	40,0%	60,0%	20,0%	20,0%	0,0%	
Gesamt		20	19	27	23	12	10	1	38
		52,6%	50,0%	71,1%	60,5%	31,6%	26,3%	2,6%	
		Chi-Quadrat nach Pearson							
Ländervergleich		,066	,894	,048	,458	,732	,410	,363	
Disziplinenvergleich		,104	,185	,655	,616	,178	,254	,644	

Vorteile Weblog-Nutzung nach Land und Disziplin (ohne Doktoranden)

Ort		Welche Vorteile sehen Sie in der Nutzung von Communities?: Interaktiver Dialog durch die Kommentar-funktion	Kommunikation mit weit entfernten Personen	Schnelle Informati-onsverbreitung/ Aktu-alität	Vielfältiges Themenspektrum	Alle Beiträge im Blick durch den RSS-Feed	Einfache Bedienung	Keine Vorteile	N
DE	Geistes-wissenschaften	11	9	14	8	4	6		15
		73,3%	60,0%	93,3%	53,3%	26,7%	40,0%		
	Sozial-wissenschaften	3	1	6	2	1	1		6
		50,0%	16,7%	100,0%	33,3%	16,7%	16,7%		
Gesamt		14	10	20	10	5	7		21
		66,7%	47,6%	95,2%	47,6%	23,8%	33,3%		
BG	Geistes-wissenschaften	19	16	24	19	11	9	1	32
		59,4%	50,0%	75,0%	59,4%	34,4%	28,1%	3,1%	
	Sozial-wissenschaften	1	2	2	3	1	1	0	5
		20,0%	40,0%	40,0%	60,0%	20,0%	20,0%	0,0%	
Gesamt		20	18	26	22	12	10	1	37
		54,1%	48,6%	70,3%	59,5%	32,4%	27,0%		
		Chi-Quadrat nach Pearson							
Ländervergleich		,349	,940	,024	,384	,488	,612	,447	
Disziplinenvergleich		,096	,121	,549	,472	,368	,368	,626	

© Frank & Timme Verlag für wissenschaftliche Literatur

Warum nutzen Sie wissenschaftliche Weblogs für Ihre Arbeit?

Arbeitsort		Um in meinem Forschungsgebiet auf dem Laufenden zu bleiben. (mit Doktoranden)					N
		Stimme voll zu	stimme zu	stimme eher nicht zu	stimme überhaupt nicht zu	weiß nicht	
Deutschland	Geistes-wissenschaften	8 34,8%	8 34,8%	6 26,1%	1 4,3%		23
	Sozial-wissenschaften	3 42,9%	2 28,6%	2 28,6%	0 0,0%		7
	Gesamt	11 36,7%	10 33,3%	8 26,7%	1 3,3%		30
Bulgarien	Geistes-wissenschaften	8 27,6%	20 69,0%	1 3,4%			29
	Sozial-wissenschaften	3 75,0%	1 25,0%	0 0,0%			4
	Gesamt	11 33,3%	21 63,6%	1 3,0%			33
Chi-Quadrat nach Pearson	Ländervergleich	,017					
	Disziplinenvergleich	,373					

Arbeitsort		Um in meinem Forschungsgebiet auf dem Laufenden zu bleiben. (ohne Doktoranden)					N
		Stimme voll zu	stimme zu	stimme eher nicht zu	stimme überhaupt nicht zu	weiß nicht	
Deutschland	Geistes-wissenschaften	5 35,7%	5 35,7%	3 21,4%	1 7,1%		14
	Sozial-wissenschaften	3 50,0%	1 16,7%	2 33,3%	0 0,0%		6
	Gesamt	8 40,0%	6 30,0%	5 25,0%	1 5,0%		20
Bulgarien	Geistes-wissenschaften	7 25,0%	20 71,4%	1 3,6%			28
	Sozial-wissenschaften	3 75,0%	1 25,0%	0 0,0%			4
	Gesamt	10 31,3%	21 65,6%	1 3,1%			32
Chi-Quadrat nach Pearson	Ländervergleich	,019					
	Disziplinenvergleich	,125					

Arbeitsort		Um Informationen von anderen Fachdisziplinen zu bekommen. (mit Doktoranden) Stimme voll zu	stimme zu	stimme eher nicht zu	stimme überhaupt nicht zu	weiß nicht	N
Deutschland	Geistes-wissenschaften	6 26,1%	11 47,8%	3 13,0%	3 13,0%		23
	Sozial-wissenschaften	0 0,0%	3 42,9%	4 57,1%	0 0,0%		7
	Gesamt	6 20,0%	14 46,7%	7 23,3%	3 10,0%		30
Bulgarien	Geistes-wissenschaften	1 3,6%	21 75,0%	6 21,4%			28
	Sozial-wissenschaften	1 25,0%	3 75,0%	0 0,0%			4
	Gesamt	2 6,3%	24 75,0%	6 18,8%			32
Chi-Quadrat nach Pearson	Ländervergleich	,054					
	Disziplinenvergleich	,492					

Arbeitsort		Um Informationen von anderen Fachdisziplinen zu bekommen. (ohne Doktoranden) Stimme voll zu	stimme zu	stimme eher nicht zu	stimme überhaupt nicht zu	weiß nicht	N
Deutschland	Geistes-wissenschaften	4 28,6%	6 42,9%	2 14,3%	2 14,3%		14
	Sozial-wissenschaften	0 0,0%	2 33,3%	4 66,7%	0 0,0%		6
	Gesamt	4 20,0%	8 40,0%	6 30,0%	2 10,0%		20
Bulgarien	Geistes-wissenschaften	1 3,7%	21 77,8%	5 18,5%			27
	Sozial-wissenschaften	1 25,0%	3 75,0%	0 0,0%			4
	Gesamt	2 6,5%	24 77,4%	5 16,1%			31
Chi-Quadrat nach Pearson	Ländervergleich	,032					
	Disziplinenvergleich	,423					

 © Frank & Timme Verlag für wissenschaftliche Literatur

Arbeitsort		Um nationale Forschungskontakte zu knüpfen. (mit Doktoranden) Stimme voll zu	stimme zu	stimme eher nicht zu	stimme überhaupt nicht zu	weiß nicht	N
Deutschland	Geistes-wissenschaften		4 18,2%	10 45,5%	8 36,4%		22
	Sozial-wissenschaften		0 0,0%	2 28,6%	5 71,4%		7
	Gesamt		4 13,8%	12 41,4%	13 44,8%		29
Bulgarien	Geistes-wissenschaften	1 3,7%	16 59,3%	7 25,9%	2 7,4%	1 3,7%	27
	Sozial-wissenschaften	1 25,0%	2 50,0%	1 25,0%	0 0,0%	0 0,0%	4
	Gesamt	2 6,5%	18 58,1%	8 25,8%	2 6,5%	1 3,2%	31
Chi-Quadrat nach Pearson	Ländervergleich	,000					
	Disziplinenvergleich	,265					

Arbeitsort		Um nationale Forschungskontakte zu knüpfen. (ohne Doktoranden) Stimme voll zu	stimme zu	stimme eher nicht zu	stimme überhaupt nicht zu	weiß nicht	N
Deutschland	Geistes-wissenschaften		3 23,1%	7 53,8%	3 23,1%		13
	Sozial-wissenschaften		0 0,0%	2 33,3%	4 66,7%		6
	Gesamt		3 15,8%	9 47,4%	7 36,8%		19
Bulgarien	Geistes-wissenschaften	1 3,8%	16 61,5%	6 23,1%	2 7,7%	1 3,8%	26
	Sozial-wissenschaften	1 25,0%	2 50,0%	1 25,0%	0 0,0%	0 0,0%	4
	Gesamt	2 6,7%	18 60,0%	7 23,3%	2 6,7%	1 3,3%	30
Chi-Quadrat nach Pearson	Ländervergleich	,005					
	Disziplinenvergleich	,192					

Arbeitsort		Um internationale Forschungskontakte zu knüpfen. (mit Doktoranden) Stimme voll zu	stimme zu	stimme eher nicht zu	stimme überhaupt nicht zu	weiß nicht	N
Deutschland	Geistes-wissenschaften		7 31,8%	8 36,4%	7 31,8%		22
	Sozial-wissenschaften		0 0,0%	2 28,6%	5 71,4%		7
	Gesamt		7 24,1%	10 34,5%	12 41,4%		29
Bulgarien	Geistes-wissenschaften	6 22,2%	16 59,3%	3 11,1%	1 3,7%	1 3,7%	27
	Sozial-wissenschaften	1 25,0%	2 50,0%	1 25,0%	0 0,0%	0 0,0%	4
	Gesamt	7 22,6%	18 58,1%	4 12,9%	1 3,2%	1 3,2%	31
Chi-Quadrat nach Pearson	Ländervergleich	,000					
	Disziplinenvergleich	,223					

Arbeitsort		Um internationale Forschungskontakte zu knüpfen. (ohne Doktoranden) Stimme voll zu	stimme zu	stimme eher nicht zu	stimme überhaupt nicht zu	weiß nicht	N
Deutschland	Geistes-wissenschaften		6 46,2%	4 30,8%	3 23,1%		13
	Sozial-wissenschaften		0 0,0%	2 33,3%	4 66,7%		6
	Gesamt		6 31,6%	6 31,6%	7 36,8%		19
Bulgarien	Geistes-wissenschaften	6 23,1%	15 57,7%	3 11,5%	1 3,8%	1 3,8%	26
	Sozial-wissenschaften	1 25,0%	2 50,0%	1 25,0%	0 0,0%	0 0,0%	4
	Gesamt	7 23,3%	17 56,7%	4 13,3%	1 3,3%	1 3,3%	30
Chi-Quadrat nach Pearson	Ländervergleich	,002					
	Disziplinenvergleich	,124					

© Frank & Timme Verlag für wissenschaftliche Literatur

Durch die Nutzung von wissenschaftlichen Weblogs...

Arbeitsort		... unterhalte ich mehr internationale Kontakte zu Wissenschaftlern. (mit Doktoranden)					
		stimme voll zu	stimme zu	stimme eher nicht zu	stimme überhaupt nicht zu	weiß nicht	N
Deutschland	Geisteswissenschaften		6	10	7		23
			26,1%	43,5%	30,4%		
	Sozialwissenschaften		0	5	2		7
			0,0%	71,4%	28,6%		
	Gesamt		6	15	9		30
			20,0%	50,0%	30,0%		
Bulgarien	Geisteswissenschaften	6	21	3	1	1	32
		18,8%	65,6%	9,4%	3,1%	3,1%	
	Sozialwissenschaften	1	3	1	0	0	5
		20,0%	60,0%	20,0%	0,0%	0,0%	
	Gesamt	7	24	4	1	1	37
		18,9%	64,9%	10,8%	2,7%	2,7%	
Chi-Quadrat nach Pearson	Ländervergleich	,000					
	Disziplinenvergleich	,406					

Arbeitsort		... unterhalte ich mehr internationale Kontakte zu Wissenschaftlern. (ohne Doktoranden)					
		stimme voll zu	stimme zu	stimme eher nicht zu	stimme überhaupt nicht zu	weiß nicht	N
Deutschland	Geisteswissenschaften		4	7	3		14
			28,6%	50,0%	21,4%		
	Sozialwissenschaften		0	4	2		6
			0,0%	66,7%	33,3%		
	Gesamt		4	11	5		20
			20,0%	55,0%	25,0%		
Bulgarien	Geisteswissenschaften	6	20	3	1	1	31
		19,4%	64,5%	9,7%	3,2%	3,2%	
	Sozialwissenschaften	1	3	1	0	0	5
		20,0%	60,0%	20,0%	0,0%	0,0%	
	Gesamt	7	23	4	1	1	36
		19,4%	63,9%	11,1%	2,8%	2,8%	
Chi-Quadrat nach Pearson	Ländervergleich	,000					
	Disziplinenvergleich	,391					

Arbeitsort		... haben sich meine Kontakte zu internationalen Wissenschaftlern intensiviert. (mit Doktoranden)					
		stimme voll zu	stimme zu	stimme eher nicht zu	stimme überhaupt nicht zu	weiß nicht	N
Deutschland	Geisteswissenschaften		5	12	5	1	23
			21,7%	52,2%	21,7%	4,3%	
	Sozialwissenschaften		1	4	2	0	7
			14,3%	57,1%	28,6%	0,0%	
	Gesamt		6	16	7	1	30
			20,0%	53,3%	23,3%	3,3%	
Bulgarien	Geisteswissenschaften	3	18	7	1	2	31
		9,7%	58,1%	22,6%	3,2%	6,5%	
	Sozialwissenschaften	1	2	2	0	0	5
		20,0%	40,0%	40,0%	0,0%	0,0%	
	Gesamt	4	20	9	1	2	36
		11,1%	55,6%	25,0%	2,8%	5,6%	
Chi-Quadrat nach Pearson	Ländervergleich	,001					
	Disziplinenvergleich	,666					

Arbeitsort		... haben sich meine Kontakte zu internat. Wissenschaftlern intensiviert. (ohne Doktoranden)					
		stimme voll zu	stimme zu	stimme eher nicht zu	stimme überhaupt nicht zu	weiß nicht	N
Deutschland	Geisteswissenschaften		4	7	2	1	14
			28,6%	50,0%	14,3%	7,1%	
	Sozialwissenschaften		1	3	2	0	6
			16,7%	50,0%	33,3%	0,0%	
	Gesamt		5	10	4	1	20
			25,0%	50,0%	20,0%	5,0%	
Bulgarien	Geisteswissenschaften	3	17	7	1	2	30
		10,0%	56,7%	23,3%	3,3%	6,7%	
	Sozialwissenschaften	1	2	2	0	0	5
		20,0%	40,0%	40,0%	0,0%	0,0%	
	Gesamt	4	19	9	1	2	35
		11,4%	54,3%	25,7%	2,9%	5,7%	
Chi-Quadrat nach Pearson	Ländervergleich	,026					
	Disziplinenvergleich	,496					

© Frank & Timme Verlag für wissenschaftliche Literatur

Arbeitsort		... haben sich Kooperationen mit internationalen Wissenschaftlern ergeben. (mit Doktoranden)					N
		stimme voll zu	stimme zu	stimme eher nicht zu	stimme überhaupt nicht zu	weiß nicht	
Deutschland	Geisteswissenschaften		3 13,0%	12 52,2%	8 34,8%		23
	Sozialwissenschaften		1 14,3%	4 57,1%	2 28,6%		7
	Gesamt		4 13,3%	16 53,3%	10 33,3%		30
Bulgarien	Geisteswissenschaften	2 6,5%	10 32,3%	15 48,4%	1 3,2%	3 9,7%	31
	Sozialwissenschaften	1 20,0%	2 40,0%	2 40,0%	0 0,0%	0 0,0%	5
	Gesamt	3 8,3%	12 33,3%	17 47,2%	1 2,8%	3 8,3%	36
Chi-Quadrat nach Pearson	Ländervergleich	,002					
	Disziplinenvergleich	,889					

Arbeitsort		... haben sich Kooperationen mit internationalen Wissenschaftlern ergeben. (ohne Doktoranden)					N
		stimme voll zu	stimme zu	stimme eher nicht zu	stimme überhaupt nicht zu	weiß nicht	
Deutschland	Geisteswissenschaften		3 21,4%	8 57,1%	3 21,4%		14
	Sozialwissenschaften		0 0,0%	4 66,7%	2 33,3%		6
	Gesamt		3 15,0%	12 60,0%	5 25,0%		20
Bulgarien	Geisteswissenschaften	2 6,7%	10 33,3%	14 46,7%	1 3,3%	3 10,0%	30
	Sozialwissenschaften	1 20,0%	2 40,0%	2 40,0%	0 0,0%	0 0,0%	5
	Gesamt	3 8,6%	12 34,3%	16 45,7%	1 2,9%	3 8,6%	35
Chi-Quadrat nach Pearson	Ländervergleich	,022					
	Disziplinenvergleich	,699					

Arbeitsort		... kann ich besser am internationalen Wissenschaftsdialog teilnehmen. (mit Doktoranden) stimme voll zu	stimme zu	stimme eher nicht zu	stimme überhaupt nicht zu	weiß nicht	N
Deutschland	Geisteswissenschaften	1	9	10	3		23
		4,3%	39,1%	43,5%	13,0%		
	Sozialwissenschaften	0	3	1	2		6
		0,0%	50,0%	16,7%	33,3%		
	Gesamt	1	12	11	5		29
		3,4%	41,4%	37,9%	17,2%		
Bulgarien	Geisteswissenschaften	4	18	7		1	30
		13,3%	60,0%	23,3%		3,3%	
	Sozialwissenschaften	0	2	2		0	4
		0,0%	50,0%	50,0%		0,0%	
	Gesamt	4	20	9		1	34
		11,8%	58,8%	26,5%		2,9%	
Chi-Quadrat nach Pearson	Ländervergleich	,046					
	Disziplinenvergleich	,505					

Arbeitsort		... kann ich besser am internationalen Wissenschaftsdialog teilnehmen. (ohne Doktoranden) stimme voll zu	stimme zu	stimme eher nicht zu	stimme überhaupt nicht zu	weiß nicht	N
Deutschland	Geisteswissenschaften		5	7	2		14
			35,7%	50,0%	14,3%		
	Sozialwissenschaften		3	1	2		6
			50,0%	16,7%	33,3%		
	Gesamt		8	8	4		20
			40,0%	40,0%	20,0%		
Bulgarien	Geisteswissenschaften	4	17	7		1	29
		13,8%	58,6%	24,1%		3,4%	
	Sozialwissenschaften	0	2	2		0	4
		0,0%	50,0%	50,0%		0,0%	
	Gesamt	4	19	9		1	33
		12,1%	57,6%	27,3%		3,0%	
Chi-Quadrat nach Pearson	Ländervergleich	,026					
	Disziplinenvergleich	,446					

© Frank & Timme Verlag für wissenschaftliche Literatur

Arbeitsort		... fühle ich mich besser in die Scientific Community integriert. (mit Doktoranden) stimme voll zu	stimme zu	stimme eher nicht zu	stimme überhaupt nicht zu	weiß nicht	N
Deutschland	Geisteswissenschaften	1	8	11	2	1	23
		4,3%	34,8%	47,8%	8,7%	4,3%	
	Sozialwissenschaften	0	1	2	2	1	6
		0,0%	16,7%	33,3%	33,3%	16,7%	
	Gesamt	1	9	13	4	2	29
		3,4%	31,0%	44,8%	13,8%	6,9%	
Bulgarien	Geisteswissenschaften	3	17	9	1	2	32
		9,4%	53,1%	28,1%	3,1%	6,3%	
	Sozialwissenschaften	0	3	1	0	0	4
		0,0%	75,0%	25,0%	0,0%	0,0%	
	Gesamt	3	20	10	1	2	36
		8,3%	55,6%	27,8%	2,8%	5,6%	
Chi-Quadrat nach Pearson	Ländervergleich	,153					
	Disziplinenvergleich	,479					

Arbeitsort		... fühle ich mich besser in die Scientific Community integriert. (ohne Doktoranden) stimme voll zu	stimme zu	stimme eher nicht zu	stimme überhaupt nicht zu	weiß nicht	N
Deutschland	Geisteswissenschaften		3	9	1	1	14
			21,4%	64,3%	7,1%	7,1%	
	Sozialwissenschaften		1	2	2	1	6
			16,7%	33,3%	33,3%	16,7%	
	Gesamt		4	11	3	2	20
			20,0%	55,0%	15,0%	10,0%	
Bulgarien	Geisteswissenschaften	3	16	9	1	2	31
		9,7%	51,6%	29,0%	3,2%	6,5%	
	Sozialwissenschaften	0	3	1	0	0	4
		0,0%	75,0%	25,0%	0,0%	0,0%	
	Gesamt	3	19	10	1	2	35
		8,6%	54,3%	28,6%	2,9%	5,7%	
Chi-Quadrat nach Pearson	Ländervergleich	,032					
	Disziplinenvergleich	,443					

Arbeitsort		stimme voll zu	stimme zu	stimme eher nicht zu	stimme überhaupt nicht zu	N
		... kann ich mit Kollegen kommunizieren, egal an welchem Ort ich arbeite. (mit Doktoranden)				
Deutschland	Geisteswissenschaften		10	10	3	23
			43,5%	43,5%	13,0%	
	Sozialwissenschaften		4	1	2	7
			57,1%	14,3%	28,6%	
	Gesamt		14	11	5	30
			46,7%	36,7%	16,7%	
Bulgarien	Geisteswissenschaften	7	17	4		28
		25,0%	60,7%	14,3%		
	Sozialwissenschaften	0	3	1		4
		0,0%	75,0%	25,0%		
	Gesamt	7	20	5		32
		21,9%	62,5%	15,6%		
Chi-Quadrat nach Pearson	Ländervergleich	,002				
	Disziplinenvergleich	,296				

Arbeitsort		stimme voll zu	stimme zu	stimme eher nicht zu	stimme überhaupt nicht zu	N
		... kann ich mit Kollegen kommunizieren, egal an welchem Ort ich arbeite. (ohne Doktoranden)				
Deutschland	Geisteswissenschaften		5	7	2	14
			35,7%	50,0%	14,3%	
	Sozialwissenschaften		3	1	2	6
			50,0%	16,7%	33,3%	
	Gesamt		8	8	4	20
			40,0%	40,0%	20,0%	
Bulgarien	Geisteswissenschaften	6	17	4		27
		22,2%	63,0%	14,8%		
	Sozialwissenschaften	0	3	1		4
		0,0%	75,0%	25,0%		
	Gesamt	6	20	5		31
		19,4%	64,5%	16,1%		
Chi-Quadrat nach Pearson	Ländervergleich	,003				
	Disziplinenvergleich	,260				

© Frank & Timme Verlag für wissenschaftliche Literatur

Arbeitsort		... werden Möglichkeiten zur sozialen Interaktion mit intern. Kollegen erweitert. (mit Doktoranden)					N
		stimme voll zu	stimme zu	stimme eher nicht zu	stimme überhaupt nicht zu	weiß nicht	
Deutschland	Geisteswissenschaften	1	12	8	2		23
		4,3%	52,2%	34,8%	8,7%		
	Sozialwissenschaften	0	4	1	2		7
		0,0%	57,1%	14,3%	28,6%		
	Gesamt	1	16	9	4		30
		3,3%	53,3%	30,0%	13,3%		
Bulgarien	Geisteswissenschaften	4	19	5	1	1	30
		13,3%	63,3%	16,7%	3,3%	3,3%	
	Sozialwissenschaften	0	2	2	0	0	4
		0,0%	50,0%	50,0%	0,0%	0,0%	
	Gesamt	4	21	7	1	1	34
		11,8%	61,8%	20,6%	2,9%	2,9%	
Chi-Quadrat nach Pearson	Ländervergleich	,258					
	Disziplinenvergleich	,537					

Arbeitsort		... werden die Möglichkeiten zur sozialen Interaktion mit den internationalen Kollegen erweitert. (ohne Doktoranden)					N
		stimme voll zu	stimme zu	stimme eher nicht zu	stimme überhaupt nicht zu	weiß nicht	
Deutschland	Geisteswissenschaften		7	7	0		14
			50,0%	50,0%	0,0%		
	Sozialwissenschaften		3	1	2		6
			50,0%	16,7%	33,3%		
	Gesamt		10	8	2		20
			50,0%	40,0%	10,0%		
Bulgarien	Geisteswissenschaften	4	18	5	1	1	29
		13,8%	62,1%	17,2%	3,4%	3,4%	
	Sozialwissenschaften	0	2	2	0	0	4
		0,0%	50,0%	50,0%	0,0%	0,0%	
	Gesamt	4	20	7	1	1	33
		12,1%	60,6%	21,2%	3,0%	3,0%	
Chi-Quadrat nach Pearson	Ländervergleich	,207					
	Disziplinenvergleich	,219					

Gründe für die Nichtnutzung von Weblogs (ohne Doktoranden)									
		Warum nutzen Sie keine wissenschaftlichen Weblogs für Ihre Arbeit?							
Ort		Nutzen nicht erkennbar	Hoher Zeitaufwand	Sprachliche Probleme (Fremdsprache/ Fachsprache)	Die Inhalte sind fragwürdig.	Schaden dem Image eines Wissenschaftlers.	Gefahr, zu früh Infos über Forschungsergebnisse preis zu geben.	Andere Gründe	N
DE	GeWi	34	23		10	1	5	1	47
		72,3%	48,9%		21,3%	2,1%	10,6%	2,1%	
	SoWi	15	12		8	1	2	3	23
		65,2%	52,2%		34,8%	4,3%	8,7%	13,0%	
	Gesamt	49	35		18	2	7	4	70
		70,0%	50,0%		25,7%	2,9%	10,0%	5,7%	
BG	GeWi	11	21	2	14	1	5	2	37
		29,7%	56,8%	5,4%	37,8%	2,7%	13,5%	5,4%	
	SoWi	7	7	1	5	2	3	0	11
		63,6%	63,6%	9,1%	45,5%	18,2%	27,3%	0,0%	
	Gesamt	18	28	3	19	3	8	2	48
		37,5%	58,3%	6,3%	39,6%	6,3%	16,7%	4,2%	
		Chi-Quadrat nach Pearson							
Ländervergleich		,000	,641	,041	,189	,416	,361	,645	
Disziplinenvergleich		,525	,953	,911	,455	,142	,792	,285	

© Frank & Timme Verlag für wissenschaftliche Literatur

KULTUREN – KOMMUNIKATION – KONTAKTE

Bd. 1 Tobias Spelz: Kommunikation in den neuen Medien – Französische und brasilianische Webchats. 332 Seiten. ISBN 978-3-86596-261-4

Bd. 2 Michael Scholz-Hänsel: Inquisition und Kunst. *Convivencia* in Zeiten der Intoleranz. 340 Seiten. ISBN 978-3-86596-248-5

Bd. 3 Hartwig Kalverkämper: Lexikographie der Körperkommunikation. ca. 200 Seiten. ISBN 978-3-86596-265-2

Bd. 4 Claudia Bliesener: Wenn Worte zu gefährlich werden ... Zensur in der DDR – Zensur in Spanien unter Franco. Ein interkultureller Vergleich. 132 Seiten. ISBN 978-3-86596-320-8

Bd. 5 Stephan Theilig (Hg.): Historische Konzeptionen von Körperlichkeit. Interdisziplinäre Zugänge zu Transformationsprozessen in der Geschichte. 252 Seiten. ISBN 978-3-86596-333-8

Bd. 6 Susanne Beck: Körpersprache in italienischen Printmedien. 190 Seiten. ISBN 978-3-86596-258-4

Bd. 7 Jennifer Sandner: Medium und Gender. Geschlechtsspezifische Höflichkeit in französischen SMS. 114 Seiten. ISBN 978-3-86596-374-1

Bd. 8 Mareike Kühn: Opera dei pupi. Sizilianisches Marionettentheater im Wandel. 118 Seiten. ISBN 978-3-86596-382-6

Bd. 9 Ursula Wiedemann: Biometrie – Stand und Chancen der Vermessung des Menschen. 200 Seiten. ISBN 978-3-86596-389-5

Bd. 10 Kristin Voigt: Informelle Wissenschaftskommunikation und *Social Media*. 166 Seiten. ISBN 978-3-86596-408-3

Bd. 11 Christoph Schubert/Teresa Pham (Hg.): RaumTexte – TextRäume. Sprachwissenschaftliche Studien zur Verortung im Diskurs. 244 Seiten. ISBN 978-3-86596-364-2

Bd. 12 Sabine Rohmig: Literarischer Kulturtransfer. Afrikanismen in frankophonen Romanen Schwarzafrikas. 492 Seiten. ISBN 978-3-86596-459-5

Bd. 13 Christoph Strosetzki: Konversation als Sprachkultur. Elemente einer historischen Kommunikationspragmatik. 2., durchgesehene und ergänzte Auflage. 464 Seiten. ISBN 978-3-86596-482-3

Bd. 14 Belén Santana López: Lachen – Humor – Komik. Eine systematische Interkulturalitätsanalyse. Deutsch und Spanisch. 172 Seiten. ISBN 978-3-86596-484-7

KULTUREN – KOMMUNIKATION – KONTAKTE

Bd. 15 Christina Hofmann-Randall: Das spanische Hofzeremoniell 1500–1700.
310 Seiten. ISBN 978-3-86596-431-1

Bd. 16 Stephan Theilig: Türken, Mohren und Tataren. Muslimische (Lebens-)Welten in Brandenburg-Preußen im 18. Jahrhundert. 408 Seiten. ISBN 978-3-86596-525-7

Bd. 17 Jenny Metzig: Die Wahrnehmung kultureller Eigenheiten im Zusammenleben bikultureller Paare. 322 Seiten. ISBN 978-3-7329-0003-9

Bd. 18 Marja E. Meinl: Electronic Complaints. An Empirical Study on British English and German Complaints on eBay. 330 Seiten. ISBN 978-3-7329-0030-5

Bd. 19 Michael Scholz-Hänsel/David Sánchez Cano (Hg./eds.): Spanische Kunst von El Greco bis Dalí. Ambiguitäten statt Stereotype/Arte Español del Greco hasta Dalí. Ambigüedades en lugar de estereotipos. 336 Seiten. ISBN 978-3-7329-0063-3

Bd. 20 Ramona Jakobs: Der kultivierte Dialog in der italienischen Renaissance. Eine sprechakttheoretische Analyse des *Libro del Cortegiano* (1528).
350 Seiten. ISBN 978-3-7329-0111-1

Bd. 21 Bianka Schönbrunn: Emotionalität in der Berichterstattung deutscher und französischer Tageszeitungen. Ein interkultureller Vergleich.
192 Seiten. ISBN 978-3-7329-0157-9

Bd. 22 Daniela Marcantonio: Gesten im interkulturellen Vergleich. Deutsche in Italien und Italiener in Deutschland. 246 Seiten. ISBN 978-3-86596-247-8

Bd. 23 Yvette Bürki/Henriette Partzsch (eds.): Redes de comunicación. Estudios sobre la prensa en el mundo hispanohablante. 390 Seiten. ISBN 978-3-7329-0129-6

Bd. 24 Sarah Wille: Hablando The Chilean Way. Anglizismen im gesprochenen chilenischen Spanisch. Die Informationssendung „El Informante“. 100 Seiten. ISBN 978-3-7329-0287-3

Bd. 25 Sylvia Jaki/Annette Sabban (Hg.): Wissensformate in den Medien. Analysen aus Medienlinguistik und Medienwissenschaft. 348 Seiten. ISBN 978-3-7329-0201-9

Bd. 26 Gianluca Pedrotti: Diktatur der Rhetorik oder Rhetorik der Diktatur. Gezeigt an ausgewählten Redesituationen von Mussolini und Hitler.
594 Seiten. ISBN 978-3-7329-0215-6

Bd. 27 Stefanie Unger: Soziolektale Herausforderungen: Weibliche Emanzipation in der spanischen Pressesprache des 20. Jahrhunderts. 400 Seiten. ISBN 978-3-7329-0519-5

Bd. 28 Richard Brütting: Interkulturelles Mosaik Europa. Essays zu Deutschland, Frankreich und Italien. 354 Seiten. ISBN 978-3-7329-0507-2

KULTUREN – KOMMUNIKATION – KONTAKTE

Bd. 29 Henriette Schneider: Ausdruck von Emotionen in der Zweitsprache. Möglichkeiten und Grenzen. 156 Seiten. ISBN 978-3-7329-0590-4

Bd. 30 Elisabeth Buhl/Katharina-Elisa Wolf: Wunden Lateinamerikas. *Rassismus in Peru* und *Frauenmorde in Nordmexiko*. Zwei Beiträge. 210 Seiten. ISBN 978-3-7329-0246-0

Bd. 31 Diana Haußmann: Zelebrieren, Vergessen, Erneuern. Das Spannungsfeld der Afrikanität bei Fatou Diome, Léonora Miano und Alain Mabanckou. 444 Seiten. ISBN 978-3-7329-0581-2

Bd. 32 Sandra Hinckers: Lateinische Übersetzungsreflexion in der Römischen Antike. Von Terenz bis zur *Historia Augusta*. 210 Seiten. ISBN 978-3-7329-0614-7

Bd. 33 Anne-Britt Ueckermann: Kommunikationskultur. Orientierung für eine erfolgreiche Kommunikation. 746 Seiten. ISBN 978-3-7329-0595-9

Bd. 34 Elisabeth Buhl: Das Bild der Fremde in deutschsprachigen Reiseführern. Beschreibungen und Vorstellungen von Peru. 122 Seiten. ISBN 978-3-7329-0687-1